Questões de Provas Orais Comentadas

Mais de 250 questões comentadas com doutrina, jurisprudência, letra da lei e outras dicas!

Paulo R. S. de Ladeira

Paulo R. S. de Ladeira

ISBN: **1530207614**
ISBN-13: **978-1530207619**

DEDICATÓRIA

Dedico esse livro a Deus, que sempre me abençoa em sua clemência; e à minha mãe que sempre me apoiou em todos os momentos.

Sumário

Introdução

No 7º concurso de registradores e tabeliães do Estado de São Paulo, um examinador insistia em repetir uma pergunta que vários candidatos estavam errando. A prova oral estava sendo realizada em uma antiga sala do fórum João Mendes, no centro da capital paulista. Os móveis eram antigos, o que dava um ar de sobriedade ao ambiente. O candidato sentava em uma poltrona, e em uma mesa de mogno antigo, em um tablado elevado à sua frente, ficava o examinador. Esse examinador em específico tinha um hábito curioso: assim que o candidato chegava, ele fechava parcialmente o laptop, bebia um ou dois goles de água de uma garrafa que mantinha por perto, enquanto olhava atentamente para um ponto vazio no fundo da sala. Logo depois, calmamente retornava a garrafinha ao seu devido local e reabria o laptop. Apenas após esse ritual reconhecia a existência do nervoso candidato, perguntava-lhe o nome e a profissão. Após receber a resposta, olhava ao seu laptop, como se estivesse mesmo escolhendo o que perguntar, dentre uma lista prévia de questões, e quase sempre repetia a mesma pergunta: "O contrato de factoring é protestá-lo? ". A maioria dos candidatos olhava para o examinador no elevado tablado como se ele tivesse dito algo como "eu vi um alienígena ontem no meu jardim, e ele era roxo, não verde, como dizem por aí". O examinador, ao notar essa expressão nos candidatos, propunha, então, que definissem o contrato de factoring. E isso, muitos dos candidatos que ali chegaram, após anos de intensa preparação, conseguiam responder com tranquilidade.

Houve, entretanto, uma candidata que não quis se contentar com a nota parcial dada àqueles que definiam o contrato de factoring, após falhar em dizer se ele era protestável. Ela resolveu apostar na sorte, e respondeu "sim, é protestável, assim como a maioria dos contratos". Essa foi a última candidata a quem o examinador fez a mesma pergunta naquele dia. A única reação dele após ouvir a resposta foi olhar para a candidata com um sorriso de satisfação, daqueles que levantam as bochechas sem mostrar os dentes.

Não é difícil notar que a resposta era não, ao contrário do que disse a candidata. Afinal se fosse simplesmente "sim" a resposta, prova-velmente o examinador não faria a pergunta. E quem tivesse estudado a jurisprudência administrativa do TJSP para a prova saberia dizer que contrato de factoring, segundo a Corregedoria do Tribunal de Justiça de São Paulo, não é protestável por haver a assunção do risco de inadimplência no próprio contrato. Admitir seu protesto seria o mesmo que ir contra a natureza do factoring. Portanto, nunca é protestável – ao menos em São Paulo – o contrato de factoring.

Essa pequena história, que tive a oportunidade de presenciar, mostra bem a natureza das provas orais. O examinador não é nenhum monstro, e dá oportunidade ao candidato de acertar parte da questão caso seja humilde e assuma não saber a resposta. No exemplo, indo para a questão mais simples "o que é o contrato de factoring?".

O candidato conseguiria supor qual seria a resposta mais provável só pela forma como a pergunta é feita? Sim, mas não conseguiria justificar, e isso é tudo na prova oral. Outras são as características típicas dessa prova, como o fato de haver também estruturas semelhantes à de uma entrevista de emprego, devido à formalidade, e à necessidade de trajes típicos do mundo jurídico (terno e gravata, saias mais recatadas para as mulheres, bem como evitar o excesso de maquiagem etc.).

Outros aspectos, por outro lado, são inegáveis. Os examinadores sabem que serão chamados às provas orais com uma grande antecedência, e passam meses pensando nas perguntas que formularão. Acredito que o examinador do exemplo, por exemplo, pensava ter achado uma pegadinha interessante em sua pergunta, e por isso ficou tão feliz quando alguém se dignou a cair nela. Permitir que o leitor conheça as malícias da prova oral foi a intenção desse livro, por isso que foram selecionadas perguntas de várias matérias dos concursos da Magistratura e do Ministério Público de São Paulo, com a intenção de que o leitor se acostume com essa realidade ao chegar à sua prova oral.

Sobre o autor

Prof. Dr. Paulo Ladeira é advogado formado pelo largo São Francisco - Universidade de São Paulo -, e já foi também concursando um dia, tendo sido aprovado em 9º lugar no concurso para Analista do MDIC em 2012.

Coordena há vários anos o blog <questoesde-provaoral.blogspot.com>, que já teve mais de 16.000 acessos desde que foi criado, e onde comenta questões de prova oral, recebe e-mails de candidatos, esclarece dúvidas, etc..

Paulo R. S. de Ladeira

Direito Público

Direito Constitucional

1. Qual a diferença entre lei de efeito concreto e lei autoexecutável?

Explica o professor Hely Lopes Meirelles:

"Não se confunda lei autoexecutável com lei de efeito concreto; aquela é normativa e independente de regulamento, mas depende de ato executivo para sua atuação; esta não depende de regulamento nem de ato executivo para a produção de seus efeitos, pois atua desde sua vigência, consumando o resultado de seu mandamento. Por isso, a lei autoexecutável só pode ser atacada judicialmente quando for aplicada e ensejar algum ato executivo, ao passo que a lei de efeito concreto é passível de invalidação judicial (por mandado de segurança, ação popular ou ação comum) desde sua entrada em vigência, pois que já traz em si o resultado concreto de seu objetivo. Exemplificando: uma lei autorizativa é autoexecutável, mas não é de efeito concreto; diversamente, uma lei proibitiva de atividade individual é de efeito concreto, porque ela, por si só, impede o exercício da atividade proibida" (MEIRELLES, Hely Lopes Direito Administrativo Brasileiro, 34ª ed., Malheiros, p. 183) Citado no RESP 1.023.193.)

2. Como a Constituição Federal de 1988 fixa prazo para aprovação de projeto de lei?

Não há prazo para a aprovação da maioria dos projetos de lei. Encontrar-se-á tal previsão, entretanto, para os projetos de lei do presidente da república colocados em regime de urgência: se não aprovados em 45 dias, trancarão a pauta.

Há a previsão de prazos também para as leis orçamentárias: a lei do plano plurianual deve ser enviada para o Congresso Nacional até quatro meses antes do encerramento do primeiro exercício financeiro do mandato presidencial, e aprovado antes do encerramento da sessão legislativa; já o projeto de lei de diretri- zes orçamentárias é encaminhado até oito meses e meio do encerramento do exercício financeiro e devolvido para sanção antes do fim do primeiro período da sessão legislativa; e o projeto de lei orçamentária anual será encaminhado até quatro meses antes do encerramento do exercício financeiro e devolvido para sanção antes do fim da sessão legislativa (ADCT,art. 35, §1°). Enquanto não aprovados os projetos, não se poderá concluir a sessão legislativa (art. 57, §2°, da CF).

3. Existe projeto de lei delegada?

Se o Congresso Nacional aceitar o pedido do Presidente da República de delegação legislativa, ele emitirá uma resolução, a qual preverá as condições da delegação. Nessa resolução pode o Congresso definir que a lei elaborada pela presidência necessariamente deverá ser aprovada pelo Congresso Nacional antes de entrar em vigor - delegação imprópria. Nesse caso ter-se-á um projeto de lei delegada, que o Congresso não poderá emendar, e deverá aprovar ou recusar em votação única.

4. Qual a diferença entre emenda constitucional e revisão constitucional?

Emenda Constitucional é o procedimento de mudança de um ou mais artigos da Constituição Federal, realizado por meio de votação em dois turnos, em ambas as casas do Congresso Nacional, devendo ser aprovada por 3/5 dos votos. Já a revisão constitucional é o procedimento previsto no artigo 3°, da ADCT, o qual se realizou cinco anos após a promulgação da Constituição, em que se aprovou seis emendas constitucionais de revisão, em sessão unicameral, pelo voto da maioria absoluta dos membros do Congresso Nacional. Tal procedimento deu-se em 1994.

5. Como é feita a publicação de uma lei em um município em que não circula jornal e no qual não há diário oficial?

A publicação ocorria tradicionalmente no átrio da prefeitura, através da anexação de edital às paredes do prédio da administração local. Entende-se, atualmente, entretanto, que ao trazer a Constituição Federal o princípio da publicidade em seu artigo 37; bem como a presença dos municípios como membros da federação (artigo 1º, CF), a obrigatoriedade de diário oficial para que leis municipais entrem em vigor fez-se obrigatória, tal como definido no artigo 1º, da LINDB. A súmula nº1 do TRT da 7ª região dispõe nesse mesmo sentido. Consequentemente, para essa parcela da doutrina e da jurisprudência, a publicação é feita criando-se um diário oficial, e então imprimindo-o.

6. A emenda, depois de promulgada, passa a fazer parte da Constituição Federal?

A emenda constitucional tem valor normativo igual ao da Constituição Federal, assim como o ADCT, portanto, mesmo os seus artigos que não modificam a Constituição Federal têm força constitucional. Exemplo: Emenda Constitucional nº 19, artigo 25ss., que não foram transpostos à Constituição Federal.

7. Quando a Constituição Federal entra em vigor? Aplica-se a *vacatio legis* à Constituição Federal?

Não se aplica a *vacatio legis* à Constituição Federal pois ela inova totalmente a ordem jurídica, de forma que ela entra em vigor imediatamente após a sua outorga, ou sua aprovação pela Assembleia Constituinte - se promulgada-, ou pelo referendo popular, no caso de uma Constituição Cesarista.

8. Existe algum ato normativo exclusivo do Senado Federal?

Nenhum ato normativo primário (ou seja, aqueles presentes no art. 59, CF) é de competência exclusiva do Senado Federal. Há, entretanto, matérias sobre as quais apenas o Senado Federal pode se pronunciar, como seu regimento interno, ou a fixação das alíquotas mínimas e máximas do ICMS incidentes sobre as operações internas e as alíquotas incidentes sobre as operações interestaduais - ambos os exemplos serão feitos por resolução.

9. Existe hierarquia entre lei federal e lei estadual?

Não, o que existem são campos diversos de competência (aspecto material).

10. Existem regulamentos executivos no direito brasileiro?

Sim (com previsão no art. 84, IV, da CF). Eles não inovam na ordem jurídica, mas complementam a lei, ao dispôr sobre como ela deverá ser cumprida, ou especificando as normas da lei dentro dos princípios genéricos e abstratos nelas contidas.

11. Uma lei aprovada pelo Congresso Nacional pode ficar suspensa aguardando o referendo popular?

Sim, o referendo pode ter a qualidade de condição resolutiva ou de condição suspensiva da lei. Enquanto condição suspensiva, ela fica suspensa aguardando a decisão do referendo popular, que pode conceder-lhe eficácia ou não; enquanto condição resolutiva, o referendo pode retirar-lhe a eficácia que lhe é própria.

12. Como se desenvolve o processo legislativo do tratado?

Segundo Alexandre de Moraes, em Direito Constitucional, 21ª edição, p. 666:

> *"São, pois, três fases para a incorporação de um ato ou tratado internacional em nosso ordenamento jurídico interno:*
> * *1ª fase: compete ao presidente da república celebrar todos os tratados, convenções e atos internacionais (CF, ART. 84, VIII);*
> * *2ª fase: é de competência exclusiva do Congresso Nacional resolver definitivamente sobre tratados,*

acordos ou atos internacionais que acarretem encargos ou compromissos gravosos ao patrimônio nacional (CF, art. 49, I). A decretação do Parlamento será realizada através da aprovação de um decreto legislativo, devidamente promulgado pelo Presidente do Senado Federal e publicado.

- *3ª fase: edição de um decreto do Presidente da República promulgando o ato ou tratado internacional devidamente ratificado pelo Congresso Nacional. É nesse momento que adquire executoriedade interna a norma inserida pelo ato ou tratado internacional, podendo, inclusive, ser objeto de ação direta de inconstitucionalidade."*

13. Que espécies normativas estão sujeitas, no direito constitucional brasileiro, a procedimentos especiais de tramitação e aprovação?

O artigo 59, da Constituição Federal cita as seguintes espécies normativas: emendas à constituição, leis complementares, leis ordinárias, leis delegadas, medidas provisórias, decretos legislativos e resoluções legislativas. Apenas se submetem à tramitação comum as leis ordinárias, e mesmo assim, dentro da categoria leis ordinárias, as leis orçamentárias se submetem a um procedimento especial de tramitação e aprovação.

14. O preâmbulo da Constituição Federal tem força obrigatória?

Não, tal como já decidido pelo STF (ADI 2.076). Ele é um vetor de interpretação, instrumento de hermenêutica, mas não tem força obrigatória nem deve ser reproduzido identicamente na Constituição dos Estados-membros. Vide Jurisprudência:

> Ementa Adi 2.076
> *CONSTITUCIONAL. CONSTITUIÇÃO: PREÂMBULO. NORMAS CENTRAIS. Constituição do Acre.*

I - Normas centrais da Constituição Federal: essas normas são de reprodução obrigatória na Constituição do Estado-membro, mesmo porque, reproduzidas, ou não, incidirão sobre a ordem local. Reclamações 370-MT e 383-SP (RTJ 147/404).
II. - Preâmbulo da Constituição: não constitui norma central. Invocação da proteção de Deus: não se trata de norma de reprodução obrigatória na Constituição estadual, não tendo força normativa.
III. - Ação direta de inconstitucionalidade julgada improcedente.

15. Existem normas constitucionais inconstitucionais?

Sim, as decorrentes do poder constituinte derivado reformador que infrinjam as cláusulas pétreas, tal como ocorreu com o artigo 2°, da Emenda Constitucional n° 52, o qual infringiu a regra presente no artigo 16, da CF, verdadeiro direito individual do cidadão eleitor (e, consequentemente, no entender do STF, cláusula pétrea). Esse artigo garante que as regras modificadoras das eleições não valham para as eleições a ocorrerem até um ano de sua vigência, levando à inconstitucionalidade do artigo citado da EC 52, tal como declarado pelo STF na ADIN 3685-8. Segue a Ementa da ADIN 3685-8:

AÇÃO DIRETA DE INCONSTITUCIONALIDADE. ART. 2° DA EC 52, DE 08.03.06. APLICAÇÃO IMEDIATA DA NOVA REGRA SOBRE COLIGAÇÕES PARTIDÁRIAS ELEITORAIS, INTRODUZIDA NO TEXTO DO ART. 17, § 1°, DA CF. ALEGAÇÃO DE VIOLAÇÃO AO PRINCÍPIO DA ANTERIORIDADE DA LEI ELEITORAL (CF, ART. 16) E ÀS GARANTIAS INDIVIDUAIS DA SEGURANÇA JURÍDICA E DO DEVIDO PROCESSO LEGAL (CF, ART. 5°, CAPUT, E LIV). LIMITES MATERIAIS À ATIVIDADE DO LEGISLADOR CONSTITUINTE REFORMADOR. ARTS. 60, § 4°, IV, E 5°, § 2°, DA CF.
1. Preliminar quanto à deficiência na fundamentação do pedido formulado afastada, tendo em vista a sucinta

porém suficiente demonstração da tese de violação constitucional na inicial deduzida em juízo.

2. A inovação trazida pela EC 52/06 conferiu status constitucional à matéria até então integralmente regulamentada por legislação ordinária federal, provocando, assim, a perda da validade de qualquer restrição à plena autonomia das coligações partidárias no plano federal, estadual, distrital e municipal.

3. Todavia, a utilização da nova regra às eleições gerais que se realizarão a menos de sete meses colide com o princípio da anterioridade eleitoral, disposto no art. 16 da CF, que busca evitar a utilização abusiva ou casuística do processo legislativo como instrumento de manipulação e de deformação do processo eleitoral (ADI 354, rel. Min. Octavio Gallotti, DJ 12.02.93).

4. Enquanto o art. 150, III, b, da CF encerra garantia individual do contribuinte (ADI 939, rel. Min. Sydney Sanches, DJ 18.03.94), o art. 16 representa garantia individual do cidadão eleitor, detentor originário do poder exercido pelos representantes eleitos e "a quem assiste o direito de receber, do Estado, o necessário grau de segurança e de certeza jurídicas contra alterações abruptas das regras inerentes à disputa eleitoral" (ADI 3.345, rel. Min. Celso de Mello).

5. Além de o referido princípio conter, em si mesmo, elementos que o caracterizam como uma garantia fundamental oponível até mesmo à atividade do legislador constituinte derivado, nos termos dos arts. 5º, § 2º, e 60, § 4º, IV, a burla ao que contido no art. 16 ainda afronta os direitos individuais da segurança jurídica (CF, art. 5º, caput) e do devido processo legal (CF, art. 5º, LIV).

6. A modificação no texto do art. 16 pela EC 4/93 em nada alterou seu conteúdo principiológico fundamental. Tratou-se de mero aperfeiçoamento técnico levado a efeito para facilitar a regulamentação do processo eleitoral.

7. Pedido que se julga procedente para dar interpretação conforme no sentido de que a inovação trazida no art. 1º da EC 52/06 somente seja aplicada após decorrido um ano da data de sua vigência.

16. Quais as fases do processo de criação da lei?

São três: a (1)introdutória, a (2) constitutiva e a (3) complementar. A (1) introdutória constitui-se pela iniciativa do processo, conferida a diversos órgãos do Estado conforme a temática. Já a (2) constitutiva constitui-se pela deliberação parlamentar (discussão e votação), e pela deliberação executiva (em que o Presidente da República sancionará ou vetará o projeto de lei). Já a (3) fase complementar é caracterizada pela promulgação (reconhecimento da existência da lei e de sua eficácia executória) e publicação (comunicação ao povo de que a lei deve ser respeitada).

17. Qual a diferença entre emenda e mensagem aditiva no processo legislativo?

Emenda é uma proposta de modificação apresentada por um parlamentar a um projeto - por exemplo - de lei, em andamento no Congresso Nacional. Já a mensagem aditiva refere-se ao específico caso em que a lei não é de iniciativa do Congresso Nacional, e quem haja dado início ao projeto legislativo - o Presidente da Re- pública, por exemplo, ou o Supremo Tribunal Federal - deseja modificá-lo. Nesse caso ele enviará uma mensagem aditiva ao Congresso Nacional com a sugestão de modificação do projeto de lei, enquanto ainda estiver em discussão.

18. Pode haver medida provisória em matéria estadual? E em matéria municipal?

Sim, é possível que os Estados-membros adotem MP's tal como já decidido pelo STF na ADI 2.391. É necessário, entretanto, que haja previsão específica na Constituição Estadual. Entende-se que o mesmo vale para os municípios, tendo em vista que possuem autonomia com tríplice capacidade (autogoverno, auto-organização e normatização e autoadministração). A auto-organização e normatização própria, reconhecida aos municípios em nossa federação de segundo grau, possibilita a eles a instituição de medidas provisórias, tal como ocorre na Lei Orgânica Municipal de João Pessoa.

Segue a ementa da ADIN 2391:

> *AÇÃO DIRETA DE INCONSTITUCIONALIDADE. ARTIGO 51 E PARÁGRAFOS DA CONSTITUIÇÃO DO ESTADO DE SANTA CATARINA. <u>ADOÇÃO DE MEDIDA PROVISÓRIA POR ESTADO-MEMBRO. POSSIBILIDADE.</u> [...]APLICABILIDADE, NOS ESTADOS-MEMBROS, DO PROCESSO LEGISLATIVO PREVISTO NA CONSTITUIÇÃO FEDERAL. INEXISTÊNCIA DE VEDAÇÃO EXPRESSA QUANTO ÀS MEDIDAS PROVISÓRIAS. <u>NECESSIDADE DE PREVISÃO NO TEXTO DA CARTA ESTADUAL E DA ESTRITA OBSERVÂNCIA DOS PRINCÍPIOS E LIMITAÇÕES IMPOSTAS PELO MODELO FEDERAL.</u> [...] 2. No julgamento da ADI 425, rel. Min. Maurício Corrêa, DJ 19.12.03, o <u>Plenário desta Corte já havia reconhecido, por ampla maioria, a constitucionalidade da instituição de medida provisória estadual, desde que, primeiro, esse instrumento esteja expressamente previsto na Constituição do Estado e, segundo, sejam observados os princípios e as limitações impostas pelo modelo adotado pela Constituição Federal, tendo em vista a necessidade da observância simétrica do processo legislativo federal.</u> Outros precedentes: ADI 691, rel. Min. Sepúlveda Pertence, DJ 19.06.92 e ADI 812-MC, rel. Min. Moreira Alves, DJ 14.05.93. 3. Entendimento reforçado pela significativa indicação na Constituição Federal, quanto a essa possibilidade, no capítulo referente à organização e à regência dos Estados, da competência desses entes da Federação para "explorar diretamente, ou mediante concessão, os serviços locais de gás canalizado, na forma da lei, vedada a edição da medida provisória para a sua*

regulamentação" (art. 25, § 2º). 4. Ação direta cujo pedido formulado se julga improcedente.

19. Qual a origem da Medida Provisória?

A medida provisória teve como antecessor o decreto legislativo, adaptado para a atual ordem democrática pela Constituição Federal de 1988.

20. Qual a diferença entre legislatura e sessão legislativa?

Legislatura é o período de 4 anos, no qual o deputados exercem suas funções. Diz-se que o mandato dos Senadores tem duração de duas legislaturas. Já a sessão legislativa refere-se ao período em que o Congresso Nacional funcional em um ano. Em outras palavras: o período de 2 de fevereiro a 17 de julho e 1 de agosto a 22 de dezembro (art. 57, caput, CF) corresponde a uma sessão legislativa.

21. Qual a diferença entre plebiscito e referendo?

Segundo Alexandre de Moraes (Direito Constitucional, 21ª ed., p. 216):

> *"Plebiscito é uma consulta prévia que se faz aos cidadãos no gozo de seus direitos políticos, sobre determinada matéria a ser, posteriormente, discutida pelo Congresso Nacional, o referendo consiste em uma consulta posterior sobre determinado ato governamental para ratificá-lo, ou no sentido de conceder-lhe eficácia (condição suspensiva) ou, ainda, para retirar-lhe a eficácia (condição resolutiva)."*

22. Pode haver emenda constitucional inconstitucional?

Sim, caso fira as cláusulas pétreas. Com essa justificativa o STF declarou a inconstitucionalidade do artigo 2º, da EC 52/06, na ADI 3685-8, por considerar o artigo 16, da CF, uma garantia individual do cidadão eleitor, e, portanto, imutável, ainda que por emenda constitucional.

23. O que deve conter o preâmbulo da lei?

O preâmbulo fica entre a ementa (que discorre sobre o assunto da lei) e o artigo inicial da norma. Ele deve conter a autoridade que sancionou a lei, quem a elaborou, e pode conter a base constitucional da ordem de seu cumprimento. Exemplo: "O Presidente da República: Faço saber que o Congresso Nacional decreta e eu sanciono a seguinte lei:"

24. A Constituição Estadual pode estabelecer um processo legislativo diferente do previsto na Constituição Federal?

As normas referentes ao processo legislativo são de reprodução obrigatória - princípio da simetria -, entretanto, elas podem conter certos aspectos particularizantes, no plano das limitações, como uma maior gama de matérias sobre as quais o poder executivo não pode editar medidas provisórias, por exemplo. Há aspectos, entretanto, que a própria Constituição Federal exclui do princípio da simetria, como a lei de iniciativa popular - art. 27, §4º, CF -, devido à própria impossibilidade de reprodução das normas constitucionais.

25. Mencione as matérias que considere excluídas do âmbito da competência presidencial prevista no artigo 84, XXVI, da CF, justificando sucintamente duas dessas exclusões.

O artigo 84, XXVI, da CF, refere-se às medidas provisórias. As limitações às medidas provisórias estão no artigo 62, §1º, da CF, que proíbe a edição de Medida Provisória com relação às seguintes matérias, presentes em suas alíneas e incisos:

- direito penal, processual civil e processo penal;
- nacionalidade, cidadania, direitos políticos, partidos políticos e direito eleitoral;
- organização do Poder Judiciário e da Defensoria Pública, carreira e garantias de seus membros;
- planos plurianuais, diretrizes orçamentárias, orçamento e créditos adicionais e suplementares,

ressalvados os créditos extraordinários para os casos de guerra ou calamidade pública;

- que vise a detenção ou o sequestro de bens, de poupança popular ou qualquer outro ativo financeiro;
- reservada a lei complementar;
- já disciplinada em projeto de lei aprovado pelo Congresso Nacional e pendente de sanção ou veto pelo Presidente da República.

A exclusão referente a direito penal (1) constitui uma consequência lógica do sistema, tendo em vista que a Medida Provisória possui efeitos permanentes. Alterações desse tipo poderiam trazer grave insegurança à segurança pública e jurídica, ainda que posteriormente a lei penal mais benéfica acabasse por prevalecer.

O mesmo vale quanto ao processo civil e processo penal (2): como alterações em direito processual tem aplicação imediata, alterações processuais temporárias trariam grave prejuízo à segurança jurídica dentro de um processo.

26. Há diferença entre a iniciativa legislativa vinculada e a iniciativa legislativa reservada?

Sim. Na iniciativa legislativa vinculada o chefe do poder executivo é obrigado a enviar o projeto às Casas do Congresso Nacional em um certo período, como ocorre com as leis orçamentárias (projeto da lei de diretrizes orçamentárias, lei do plano plurianual e lei orçamentária anual, por exemplo). Já na iniciativa legislativa reservada não há essa obrigatoriedade dentro de um prazo específico, o que se tem é que apenas aquele com a reserva poderá fazer o projeto de lei.

27. Os projetos de iniciativa legislativa reservada são suscetíveis de emenda?

Sim, o Congresso Nacional pode emendá-los. Condições

estabelecem-se apenas à lei orçamentária anual, presentes no artigo 166, § 3°, da CF: que toda nova despesa provenha de anulação de outras despesas, e que essas anulações não ocorram de despesas com (I) dotações para pessoal e seus encargos, (II) serviços de dívida e (III) transferências tributárias constitucionais da União para outros entes da federação.

28. Quais as diferenças entre lei ordinária e complementar?

Existem duas diferenças, sendo uma formal e outra material. Quanto à primeira, para que a lei ordinária seja aprovada ela do voto da maioria simples (artigo 47, da CF) de cada uma das casas do Congresso Nacional, ao passo que a lei complementar pede a maioria absoluta (artigo 69, da CF). Já a material, é a reserva que a Constituição Federal faz a determinadas matérias, para que sejam aprovadas por lei complementar, deixando as demais ao processo legislativo ordinário.

29. O poder de veto é discricionário?

Sim. Deve-se salientar, entretanto, que como todo ato discricionário deve o chefe do poder executivo motivá-lo adequadamente, demonstrando as razões de interesse público e inconstitucionalidade presentes na lei.

30. Qual a origem histórica do veto?

Vê-se primeiramente o veto na república romana, em que os tribunos da plebe poderiam vetar leis, negando-lhe eficácia, bem como os Cônsules (os dois cônsules deveriam concordar com a lei aprovada pelo senado). Nas monarquias constitucionais geralmente o monarca reserva-se o direito de vetar projetos de lei do parlamento.

Assim como na república romana, o veto é hoje visto como um sistema que garante a harmonia entre os poderes (artigo 2°, CF), por meio de um sistema de freio e contrapesos - checks and balances.

31. Quais são as duas espécies de veto existentes? Explique-as.

Segundo o artigo 66, §1°, da CF, o veto pode ser jurídico - quando o presidente da república encontrar inconstitucionalidades no projeto de lei - ou político - se o projeto de lei ferir o interesse público. O veto pode, ainda, ser jurídico-político, combinando motivações das duas espécies.

> *66,§ 1°, CF - Se o Presidente da República considerar o projeto, no todo ou em parte, <u>inconstitucional (nota do autor: veto jurídico) ou contrário ao interesse público (nota do autor: veto político)</u>, veta-lo-á total ou parcialmente, no prazo de quinze dias úteis, contados da data do recebimento, e comunicará, dentro de quarenta e oito horas, ao Presidente do Senado Federal os motivos do veto.*

32. Que se entende por procedimento legislativo especial?

Procedimento legislativo especial é aquele que segue algumas regras específicas, diferentes da imposta ao procedimento legislativo ordinário. Exemplo é o das leis orçamentárias, ou ainda, o das emendas constitucionais.

33. Uma emenda constitucional pode criar tributo?

A Constituição geralmente dá competência para que um ente da administração institua um tributo, sendo esse instituído posteriormente por meio de lei. Uma emenda Constitucional, nesse sentido, poderia criar uma nova espécie tributária, indicando o ente competente para instituí-la.

Cabe notar que a EC n°21/99 acrescentou o artigo 75 ao ADCT, em que esse recriou e reinstituiu a CPMF - apesar de usar o termo "prorrogar", as leis citadas no caput já tinham perdido a eficácia havia meses (mais exatamente de 24 de janeiro de 1999 a 17 de junho de 1999). A EC é de 18 de março de 1.999, vê-se assim que se respeitou-se apenas a anterioridade nonagesimal à época, como convém a todo novo tributo.

34. Uma norma de direito interno pode conflitar com um tratado?

Sim. Quanto à resolução desses conflitos, sendo o tratado referente a direitos humanos, conforme decidido pelo Pretório Excelso, ele prevalece, pois tem pelo menos status supra-legal.

Quanto aos demais tratados, realiza-se o mesmo processo de solução de antinomias aplicados a normas de mesmo nível hierárquico: *lex specialis, lex superior e lex posterior.*

35. É possível medida judicial contra a tramitação do veto?

O veto, sendo uma necessidade do devido processo legislativo, não pode ser coibido. Sendo ilegalmente dado, cabe o seu controle pelo Poder Legislativo (art. 66, §4º, CF). Além do mais, o projeto de lei não é um ato jurídico perfeito, não é uma norma, portanto não caberia sua eventual análise pelo Poder Judiciário.

36. Qual a natureza jurídica do veto?

Segundo Alexandre de Moraes (Direito Constitucional, 21ª ed., p. 632), há aqueles que defendem o veto como um direito do chefe do Poder Executivo (Pinto Ferreira), há também quem defenda o veto como um poder (Manoel Gonçalves Ferreira Filho), e outros que se manifestam no sentido de que seria um poder-dever (Pontes de Miranda).

37. Cabem emendas no projeto de conversão de Medida Provisória?

Sim, e nesse caso o projeto de lei de conversão será enviado ao presidente da república, com o intuito de que sancione ou vete as modificações.

38. Uma lei federal pode conter dispositivo contrário ao que consta em um tratado?

Sim, a não ser que o tratado tenha por tema os direitos humanos, caso em que eles sempre terão eficácia supra-legal no mínimo, conforme a jurisprudência do STF.

39. O poder de veto do Presidente da República viola a harmonia e a independência dos poderes?

Não, pelo contrário, garante a harmonia e a independência ao possibilitar que o Presidente da República participe do procedimento legislativo. O veto sempre poderá ser derrubado pela maioria absoluta do Congresso Nacional (deputados e senadores), devendo ser votado em até 30 dias do recebimento, e se não analisado nesse prazo, ele é colocado na ordem do dia na sessão imediata, até sua votação final.

40. O que ocorre quando uma medida provisória não é convertida em lei em trinta dias?

Segue o seu trâmite normal. Ela apenas entra em regime de urgência se não for convertida em lei em 45 dias.

41. Há veto na promulgação de Medida Provisória?

Havendo pertinência temática é possível a apresentação de emendas pelos parlamentares às Medidas Provisórias, caso em que formar-se-á um projeto de lei de conversão, podendo o Presidente da República vetá-lo ou sancioná-lo, caso em que também promulgará e publicará a nova lei. Não havendo emendas, é o presidente do Senado, por ser Presidente do Congresso Nacional, quem as promulga e publica.

42. A medida provisória pode versar sobre matéria tributária?

Sim, para instituir ou majorar os impostos mencionados no artigo 62, §2º, da CF (II, IE, IPI, IOF, IEG), só produzindo efeitos no exercício financeiro seguinte se for convertida em lei até o último dia do exercício em que foi editada.

43. Qual a diferença entre processo legislativo e procedimento legislativo?

Processo legislativo é o conjunto de regras e normas que ordenam o procedimento legislativo, ou seja, o modo como as leis e outros atos normativos primários são feitos.

44. O que vem a ser procedimento legislativo?

É o modo de produção dos atos normativos primários (art. 59, CF), devendo seguir um conjunto de regras previamente definidas, denominado "devido processo legislativo".

45. Que vem a ser lei delegada? Existem matérias indelegáveis? Exemplifique.

A lei delegada é a lei cuja iniciativa foi solicitada pelo presidente da república ao Congresso Nacional, concedendo-a esse por meio de resolução, a qual especificará restrições ao conteúdo e exercício que entender necessárias, a caducidade da habilitação, linhas gerais da lei, e outras limitações. A lei apenas será aprovada, após sua elaboração pelo Congresso Nacional em se tratando de delegação imprópria, ou seja, havendo tal previsão na resolução de delegação. Nada impede, ainda, que o Congresso Nacional, a qualquer momento, desfaça a delegação expressa ou tacitamente, nesse último caso, regulando a matéria delegada por meio de lei ordinária. Cabe, por fim, ao Congresso Nacional, sustar a lei naquilo que exorbitar os limites da delegação.

São indelegáveis as matérias presentes no artigo 68, §1º, da Constituição Federal: matérias de competência exclusiva do Congresso Nacional, ou de competência privativa de uma das casas; matérias reservadas a lei complementar; matérias referentes à organização do Poder Judiciário, do Ministério Público e à carreira e garantia de seus membros; matérias referentes à nacionalidade, cidadania, direitos individuais, políticos e eleitorais; planos plurianuais, diretrizes orçamentárias e orçamentos.

46. Qual a diferença entre promulgação e publicação da lei?

Segundo Alexandre de Moraes (Direito Constitucional, 21ª edição, p. 634), "promulgar é atestar que a ordem jurídica foi inovada, declarando que uma lei existe e, em consequência, deverá ser cumprida. Assim, a promulgação incide sobre um ato perfeito e acabado, ou seja, sobre a própria lei, mera atestação da lei e promulgação de sua executoriedade."

Já a publicação é o ato que leva ao conhecimento da população esse outro ato perfeito e acabado, ocorrendo apenas após a promulgação.

47. Confrontar o extinto decreto-lei com as atuais medidas provisórias.

As medidas provisórias, reguladas pelo art. 62, da CF, são editadas levando-se em consideração os requisitos de relevância e urgência, devendo ser aprovadas pelas duas Casas para sua conversão em lei. Há igualmente a possibilidade de que elas emendem a Medida Provisória antes de sua conversão em lei.

O Decreto-Lei era previsto no artigo 55, da anterior Constituição (1967/1969), nesses termos:

> *Art. 55. O Presidente da República, em casos de urgência ou de interesse público relevante, e desde que não haja aumento de despesa, poderá expedir decretos-leis sobre as seguintes matérias:*
>
> *I - segurança nacional;*
> *II - finanças públicas, inclusive normas tributárias; e*
> *III - criação de cargos públicos e fixação de vencimentos.*

> *§ 1º - Publicado o texto, que terá vigência imediata, o decreto-lei será submetido pelo   Presidente da República ao Congresso Nacional, que o aprovará ou rejeitará, dentro de sessenta dias a contar do seu recebimento, não podendo emendá-lo, se, nesse prazo, não houver deliberação, aplicar-se-á o disposto no § 3º do art. 51. (Redação dada pela Emenda Constitucional   nº   22,   de   1982)*

Vê-se, assim, que o Decreto-lei era aprovado igualmente pelo Congresso Nacional, deveria respeitar os critérios de relevância ou urgência (pequena diferença: as Medidas Provisórias falam em relevância e urgência), e que ele também entrava na ordem do dia se não fosse aprovado no prazo previsto no artigo constitucional (51, §3º, CF de 1967/69). Não havia, entretanto, a possibilidade de o Congresso Nacional emendá-lo, nem sua conversão em lei.

Antes da EC nº22/82, ele poderia ser considerado aprovado se o prazo decorresse sem manifestação do Congresso Nacional. Outra diferença notável é que as Medidas Provisórias podem tratar de uma gama mais ampla de matérias, em tese, do que o Decreto-lei, tendo em vista que ela estabelece as matérias sobre as quais as MP's não podem tratar, ao passo que a CF de 1967/69 estabelece as matérias às quais o Decreto-lei ficava restrito. Ela, entretanto, previa a possibilidade de o Decreto-lei tratar de normas tributárias em sentido amplo, o que não ocorre com as MP's, a não ser para instituir ou majorar os impostos do artigo 62, §2º, CF de 1988.

> *O candidato que se deparou com essa pergunta deve ter se perguntado: "como é que eu deveria saber disso?". Vê-se, assim, que o conhecimento da natureza do decreto-lei geralmente é importante apenas para melhor fundamentar a resposta.*

48. Qual a diferença entre Resolução e Decreto Legislativo?

O decreto legislativo é o instrumento usado para regular matérias de competência exclusiva do Congresso Nacional. Exemplo são as matérias previstas no artigo 49, da Constituição Federal, mas não só: é por decreto legislativo que o Congresso Nacional regula as relações jurídicas decorrentes de medidas provisórias rejeitadas (art. 62, §3°, da CF), é também por decreto legislativo que o Congresso Nacional aprova os tratados assinados pelo chefe do Poder Executivo. Tem geralmente efeitos externos ao Congresso Nacional.

Já a resolução geralmente tem efeitos internos, e é usada pela Câmara dos Deputados e pelo Senado federal para regular atos de sua com- petência exclusiva. Também pode ser usada pelo Congresso Nacional em atos de sua competência, caso em que a aprovação, excepcionalmente, será bicameral, com a promulgação feita pelo Presidente do Senado Federal. É usada para referendar nomeações políticas, fixar alíquotas de tributos, suspender com efeitos erga omnes lei declarada inconstitucional pelo Supremo Tribunal Federal, autorizar ao Executivo a elaboração de lei delegada (nesse caso, será feita pelo Congresso Nacional), etc..

49. É possível uma emenda que altere integralmente o texto remetido pelo Presidente da República? Qual o nome que recebe essa emenda?

Sim, elas tem o nome de "substitutivo", segundo os regimentos internos da Câmara e do Congresso Nacional.

50. O que são medidas provisórias?

É um ato normativo primário, previsto no artigo 59, da Constituição Federal. Possui efeitos temporários se não aprovada pelo Congresso Nacional, após proposta pelo Presidente da República, no prazo previsto no artigo 62, da Constituição Federal. Deve respeitar os requisitos de relevância e urgência, entre outros.

51. Quais os requisitos condicionantes para o projeto de emenda de lei de orçamento anual?

São eles:

Compatibilidade com a lei do Plano Plurianual e a lei de Diretrizes orçamentárias;

A indicação dos recursos necessários para os gastos acrescentados, que de- vem vir necessariamente da anulação de despesa. Tais anulações de despesa, entretanto, não podem resultar da anulação de gastos referentes a dotações de pessoal e seus encargos, pagamento de dívida e transferências constitucionais obrigatórias aos Estados, ao Distrito Federal e aos Municípios.

É também possível usar emenda para corrigir erro material (grafia, enumeração, etc.).

52. As assembleias legislativas podem propor emendas à Constituição? Qual o fundamento para isso?

Sim, tal como presente no artigo 60, III, da Constituição Federal, desde que em conjunto – mais da metade das Assembleias, manifestando-se, cada uma delas, pela maioria relativa de seus membros. O fundamento para isso é que o Estado brasileiro é uma federação, com entes autônomos reunidos sob a égide da Constituição Federal, possuindo, portanto, poder para propor mudanças à Constituição sob a qual concordaram se unir. Tal raciocínio é válido mesmo sendo o Brasil uma federação criada por desagregação, ou federação centrífuga, pois a natureza da forma de Estado continua sendo a mesma.

> *Art. 60. A Constituição poderá ser emendada mediante proposta:*
> *III - de mais da metade das Assembleias Legislativas das unidades da Federação, manifestando-se, cada uma delas, pela maioria relativa de seus membros.*

O LEITOR PERCEBERÁ QUE EM MUITAS QUESTÕES, COMO A ACIMA, ACRESCENTEI UMA EXPLICAÇÃO ADICIONAL À RESPOSTA. NA PROVA ORAL É IMPORTANTE DEMONSTRAR CONHECIMENTO, MAS DESDE QUE NÃO DESVIE DO ASSUNTO. NO CASO, DENTRO DO CONCEITO DE INICIATIVA LEGISLATIVA SE INCLUÍAM OS SEUS TIPOS.

53. Que se entende por iniciativa legislativa? Quais as suas espécies?

Segundo Alexandre de Moraes (Direito Constitucional, 21ª ed., p. 620), "iniciativa de lei é a faculdade que se atribui a alguém ou algum órgão para apresentar projetos de lei ao legislativo".

Ela pode ser de três tipos: (1) parlamentar (conferida aos membros do Poder Legislativo), (2) extraparlamentar (dada ao chefe do Poder Executivo, aos Tribunais Superiores e aos Tribunais de Justiça, ao Ministério Público, através dos Procuradores Gerais, e aos cidadãos, na chamada iniciativa popular), e (3) concorrente (havendo mais de um legitimado para apresentar projeto de lei, em oposição às iniciativas exclusivas, em que há apenas um, como no caso do Presidente da república para os assuntos elencados no artigo 61,§1º, da CF).

54. Quem detém a iniciativa para propor emendas à Constituição?

Aqueles presentes no artigo 60 da Constituição Federal:

> *Art. 60. A Constituição poderá ser emendada mediante proposta:*
> *I - de um terço, no mínimo, dos membros da Câmara dos Deputados ou do Senado Federal;*
> *II - do Presidente da República;*

III - de mais da metade das Assembleias Legislativas das unidades da Federação, manifestando-se, cada uma delas, pela maioria relativa de seus membros.

55. Só as leis infraconstitucionais se sujeitam a um procedimento especial?

Não, as Emendas Constitucionais também se sujeitam a um procedimento especial, o que torna a classificação de nossa Constituição como rígida (ou super-rígida, no dizer de Alexandre de Moraes). Os tratados internacionais de Direitos humanos, seguindo o procedimento próprio das Emendas Constitucionais para serem incorporadas ao nosso ordenamento, passam a ter status de normas constitucionais.

Esse procedimento é igualmente especial: votação em dois turnos, em ambas as casas, com votos positivos de ao menos três quintos dos senadores e deputados.

56. O que se entende por decoro parlamentar?

Decoro parlamentar é a dignidade do mandato conferido ao representante do povo. Ferir o decoro parlamentar pode acarretar a perda do mandato, nos termos do artigo 55, da Constituição Federal.

No Código de Ética e Decoro Parlamentar da Câmara dos Deputados (resolução nº 25/01), preveem-se como contrários ao Decoro Parlamentar (não é necessário decorar, mas saber alguns incisos para exemplo é importante):

> *CAPÍTULO III*
> *DOS ATOS INCOMPATÍVEIS COM O DECORO PARLAMENTAR*
>
> *Art. 4º Constituem procedimentos incompatíveis com o decoro parlamentar, puníveis com a perda do mandato:*

I - abusar das prerrogativas constitucionais asseguradas aos membros do Congresso Nacional (Constituição Federal, art. 55, § 1º);

II - perceber, a qualquer título, em proveito próprio ou de outrem, no exercício da atividade parlamentar, vantagens indevidas (Constituição Federal, art. 55, § 1º);

III - celebrar acordo que tenha por objeto a posse do suplente, condicionando-a a contraprestação financeira ou à prática de atos contrários aos deveres éticos ou regimentais dos Deputados;

IV - fraudar, por qualquer meio ou forma, o regular andamento dos trabalhos legislativos para alterar o resultado de deliberação;

V - omitir intencionalmente informação relevante, ou, nas mesmas condições, prestar informação falsa nas declarações de que trata o art. 18. (*nota do autor: declaração de Imposto de Renda)

CAPÍTULO IV
DOS ATOS ATENTATÓRIOS AO DECORO PARLAMENTAR

Art. 5º Atentam, ainda, contra o decoro parlamentar as seguintes condutas, puníveis na forma deste Código:

I - perturbar a ordem das sessões da Câmara ou das reuniões de comissão;

II - praticar atos que infrinjam as regras de boa conduta nas dependências da Casa;

III - praticar ofensas físicas ou morais nas dependências da Câmara ou desacatar, por atos ou palavras, outro parlamentar, a Mesa ou comissão, ou os respectivos Presidentes;

IV - usar os poderes e prerrogativas do cargo para constranger ou aliciar servidor, colega ou qualquer pessoa sobre a qual exerça ascendência hierárquica, com o fim de obter qualquer espécie de favorecimento;

V - revelar conteúdo de debates ou deliberações que a Câmara ou comissão hajam resolvido devam ficar secretos;

VI - revelar informações e documentos oficiais de caráter reservado, de que tenha tido conhecimento na forma regimental;

VII - usar verbas de gabinete em desacordo com os princípios fixados no caput do art. 37 da Constituição Federal;

VIII - relatar matéria submetida à apreciação da Câmara, de interesse específico de pessoa física ou jurídica que tenha contribuído para o financiamento de sua campanha eleitoral;

IX - fraudar, por qualquer meio ou forma, o registro de presença às sessões, ou às reuniões de comissão.

Parágrafo único. As condutas puníveis neste artigo só serão objeto de apreciação mediante provas.

E na resolução 20/93, do Senado Federal (Código de Ética e Decoro Parlamentar do Senado Federal):

CAPÍTULO III
DOS ATOS CONTRÁRIOS À ÉTICA E AO DECORO PARLAMENTAR

Art. 4° É, ainda, vedado ao Senador:

I - celebrar contrato com instituição financeira controlada pelo Poder Público, incluídos nesta vedação, além do Senador como pessoa física, seu cônjuge ou companheira e pessoas jurídicas direta ou indiretamente por ele controladas;

II - dirigir ou gerir empresas, órgãos e meios de comunicação, considerados como tal pessoas jurídicas que indiquem em seu objeto social a execução de serviços de radiodifusão sonora ou de sons e imagens;

III - praticar abuso do poder econômico no processo eleitoral.

§ 1° É permitido ao Senador, bem como a seu cônjuge ou companheira, movimentar contas e manter cheques

especiais ou garantidos, de valores correntes e contrato de cláusulas uniformes, nas instituições financeiras referidas no inciso I.

§ 2° Excluem-se da proibição constante do inciso II a direção ou gestão de jornais, editoras de livros e similares.

Art. 5° Consideram-se incompatíveis com a ética e o decoro parlamentar:

I - o abuso das prerrogativas constitucionais asseguradas aos membros do Congresso Nacional (Constituição Federal, art. 55, § 1°);

II - a percepção de vantagens indevidas (Constituição Federal, art. 55, § 1°) tais como doações, ressalvados brindes sem valor econômico; (Alterado pela Resolução n° 42, de 20.12.2006);

III - a prática de irregularidades graves no desempenho do mandato ou de encargos decorrentes.

Parágrafo único. Incluem-se entre as irregularidades graves, para fins deste artigo:

I - a atribuição de dotação orçamentária, sob a forma de subvenções sociais, auxílios ou qualquer outra rubrica, a entidades ou instituições das quais participe o Senador, seu cônjuge, companheira ou parente, de um ou de outro, até o terceiro grau, bem como pessoa jurídica direta ou indiretamente por eles controlada, ou ainda, que aplique os recursos recebidos em atividades que não correspondam rigorosamente às suas finalidades estatutárias;

II - a criação ou autorização de encargos em termos que, pelo seu valor ou pelas características da empresa ou entidade beneficiada ou contratada, possam resultar em aplicação indevida de recursos

57. A Constituição Federal de 1988 admite inciativa popular para Emendas Constitucionais?

Não, o rol de quem pode propor emendas à Constituição Federal é taxativamente prevista no artigo 60 da CF. Há doutrinadores que admitem a aplicação da iniciativa popular por analogia às propostas de emendas à Constituição Federal, mas essa posição é minoritária.

58. Qual a função do decreto legislativo?

O decreto legislativo é o instrumento legislativo usado para veicular matérias de competência exclusiva do Congresso Nacional, previstas no artigo 49, da Constituição Federal. Ele também é usado para disciplinar as relações jurídicas decorrentes de medidas provisórias não convertidas em lei, e é por decreto legislativo que o Congresso Nacional aprova os tratados assinados pelo chefe do Poder Executivo.

59. Quais os requisitos da iniciativa popular?

Para apresentar um projeto de iniciativa popular é preciso o apoio de no mínimo 1% do eleitorado nacional, distribuído por no mínimo 5 estados, tendo pelo menos o apoio de 0,3% do eleitorado em cada um deles.

60. Que são procedimentos legislativos especiais?

O procedimento legislativo ordinário é aquele aplicado no processo de discussão e aprovação de projetos de leis ordinárias. Os especiais são aqueles próprios dos demais atos normativos primários: emendas à Constituição, leis complementares, leis delegadas, decretos legislativos e resoluções. Também seguem um procedimento especial as leis orçamentárias: lei do plano plurianual, lei de diretrizes orçamentárias e lei orçamentária anual.

61. Que ocorre com a lei anterior que tratava da matéria que veio a ser disciplinada pela Medida Provisória? E se a Medida Provisória for rejeitada pelo Poder Legislativo?

A lei anterior fica com sua eficácia temporariamente suspensa. Sendo a Medida Provisória rejeitada, a eficácia se restaura.

62. Se o Congresso for extraordinariamente convocado durante o recesso, a comissão prevista no artigo 58, §4º, da CF deixa de funcionar?

58, § 4º, CF - *Durante o recesso, haverá uma Comissão representativa do Congresso Nacional, eleita por suas Casas na última sessão ordinária do período legislativo, com atribuições definidas no regimento comum, cuja composição reproduzirá, quanto possível, a proporcionalidade da representação partidária.*

63. Que vem a ser objeto de promulgação: a lei ou o projeto de lei?

A promulgação atesta que a ordem jurídica foi inovada, declarando que uma lei existe e deve ser cumprida. Portanto, a promulgação incide sobre a própria lei (posição majoritária na doutrina: Alexandre de Moraes, José Afonso da Silva, Michel Temer e Pontes de Miranda).

64. O voto em branco é voto válido?

A Constituição Federal, em seu artigo 77, §2º, prevê a desconsideração do voto em branco para as eleições presidenciais. A lei 9504/97, tem a mesma previsão para governadores (art. 2º), Prefeitos (art. 3º), e membros do Poder Legislativo (art. 5º). Portanto, o voto em branco não é válido.

65. Defina direitos políticos.

Segundo Alexandre de Moraes (Direito Constitucional, 21ª ed., p. 210):

"É o conjunto de regras que define as formas de atuação da soberania popular, conforme preleciona o artigo 14 da Constituição Federal [...]."

66. Qual a natureza jurídica dos Partidos Políticos? Justifique.

Conforme afirma ao artigo 1º, da lei 9.096/95, e o artigo 44, V do Código Civil, os partidos políticos são pessoas jurídicas de direito privado. São registrados no Registro Civil de Pessoas Jurídicas, tendo os seus Estatutos arquivados posteriormente no TSE (artigo 8º, lei 9.096; artigo 14, §2º, da CF).

67. Que vem a ser o voto por sufrágio censitário? Já houve no Brasil?

O sufrágio censitário, ao lado do sufrágio capacitario, é uma modalidade do sufrágio restrito, o qual estabelece restrições às pessoas que podem votar. O sufrágio censitário estabelece restrições com base na capacidade econômica do eleitor. Assim, a Constituição Imperial de 1824 estabelecia faixas de renda que permitiam aos cidadãos ter capacidade eleitoral passiva e/ou ativa, faixas essas variáveis conforme o voto era dirigido a autoridades provinciais ou nacionais. As Constituições de 1891, a de 1934 e a de 1937 proibiam o voto de mendigos.

Já o sufrágio capacitario é aquele que limita o direito de voto com base em uma capacidade do eleitor. No Brasil, proibiu-se o voto dos analfabetos até a Emenda Constitucional 25/85, a qual alterou a Constituição de 1967, permitindo o seu voto.

68. Há diferença entre o voto revestido de eficácia política e o voto sem eficácia política?

O voto revestido de eficácia política é aquele que, abarcado e protegido pelos princípios da personalidade e da liberdade, feito de modo sincero e autêntico, é efetivamente considera- do para a formação do governo de um país, dentro de um ambiente secreto e de igualdade do voto. Já o voto sem eficácia política é aquele não verdadeiramente considerado para a formação do governo de um país, como ocorria no Brasil durante a República Velha, em razão de fraudes.

69. Que se entende por personalidade e liberdade de voto?

A personalidade do voto refere-se à obrigatoriedade pessoal do comparecimento para o cumprimento do poder-dever de votar. Já a liberdade é a capacidade que o eleitor tem de votarem quem desejar, garantindo assim a autenticidade e a sinceridade do voto.

70. Um parlamentar pode perder o mandato por infidelidade partidária? Há alguma norma que impeça essa perda?

Sim, tal qual decidido pelo STF nos MS 22.602, 22.603 e 22.604, e estabelecido posteriormente pelo TSE na resolução 22.610. Não há impedimentos constitucionais a tanto. É possível, entretanto, que ocorra a desfiliação no caso de justa causa. São hipóteses de justa causa, nos termos do art. 1º, §1º da Resolução 22.610 do TSE:

> *§ 1º - Considera-se justa causa:*
> *I) incorporação ou fusão do partido;*
> *II) criação de novo partido;*
> *III) mudança substancial ou desvio reiterado do programa partidário;*
> *IV)   grave   discriminação   pessoal.*

71. Quais as condições de alistabilidade?

São alistáveis (ou seja, possuem capacidade eleitoral ativa) os brasileiros, natos ou naturalizados, ou ainda os portugueses equiparados - dentro das condições do tratado - , desde que maiores de 16 anos e estejam no pleno gozo dos direitos políticos.

72. Os conscritos são inelegíveis absolutos ou relativos?

Os conscritos são inelegíveis absolutos. Já que não possuem a capacidade eleitoral ativa, não podem ter a passiva.

73. Quais os tipos de controle a que se podem sujeitar os partidos políticos? Justifique-os.

A Constituição Federal, em seu artigo 17, estabelece os princípios gerais aplicados aos partidos políticos, garantindo sua autonomia. Essa autonomia, entretanto, está sujeito ao controle financeiro da Justiça eleitoral, estabelecendo a lei 9.096/95 que os partidos políticos devem apresentar anualmente seu balanço contábil, até o dia 30 de Abril do ano seguinte ao que se refere o balanço (art. 32). E ainda (para exemplificação, seria interessante que o candidato citasse de forma genérica, de forma a demonstrar conhecimento, os seguintes artigos):

> *Art. 33. Os balanços devem conter, entre outros, os seguintes itens:*
> *I - discriminação dos valores e destinação dos recursos oriundos do fundo partidário;*
> *II - origem e valor das contribuições e doações;*
> *III - despesas de caráter eleitoral, com a especificação e comprovação dos gastos com programas no rádio e televisão, comitês, propaganda, publicações, comícios, e demais atividades de campanhas;*
> *IV - discriminação detalhada das receitas e despesas.*

Há limites também quanto à origem das doações dos partidos políticos:

> *Art. 31. É vedado ao partido receber, direta ou indiretamente, sob qualquer forma ou pretexto, contribuição ou auxílio pecuniário ou estimável em dinheiro, inclusive através de publicidade de qualquer espécie, procedente de:*
> *I - entidade ou governo estrangeiros;*
> *II - autoridade ou órgãos públicos, ressalvadas as dotações referidas no art. 38;*
> *III - autarquias, empresas públicas ou concessionárias de serviços públicos, sociedades de economia mista e fundações instituídas em virtude de lei e para cujos recursos concorram órgãos ou entidades governamentais;*
> *IV - entidade de classe ou sindical.*

O artigo 38 refere-se ao fundo partidário. Os recursos públicos que os partidos políticos podem receber são apenas os advindos desse fundo. Quanto aos balanços, os dos órgão nacionais dos partidos devem ser enviados ao TSE, os dos órgãos estaduais ao TRE e os dos órgãos municipais ao juiz eleitoral da localidade (art. 32, §1°, da lei 9.096). Ademais, os partidos políticos também não podem ser subordinados a governos estrangeiros (art. 17, II, CF) e não podem ter braços paramilitares em sua organização (art. 17, §4°, CF).

74. Que vêm a ser direitos políticos passivos?

Capacidade eleitoral passiva refere-se à possibilidade de receber votos em uma eleição. Por "direitos políticos passivos" também se faz referência às normas que regulam a ocupação de um cargo eletivo após a eleição.

75. Gostaria de ouvir um histórico dos diplomas constitucionais brasileiros.

- 1824: Primeira Constituição do Brasil, sob a égide do Império - outorgada.
- 1891: Constituição promulgada por ocasião da proclamação da república.
- 1934: Constituição promulgada por Getúlio, diante do fim da República Velha e sob o estímulo da revolução constitucionalista de 1932.
- 1937: Constituição outorgada para a instituição do Estado Novo.
- 1946: Constituição promulgada que restabeleceu o regime democrático em nosso país.
- 1967: Constituição estabelecida após o golpe de 1964, em que o Congresso eleito discutiu o projeto apresentado pronto pelo governo - outorgada.
- 1969: tendo em vista que a emenda constitucional n° 1 de 1969 alterou todo o conteúdo da constituição de 1967, é considerada por muitos uma nova constituição, outorgada. Serviu para centralizar e endurecer o regime militar.

• 1988: Constituição promulgada e atualmente vigente, restaurou a ordem democrática após as Diretas Já.

76. Quais são os tipos de Constituições que podem ser reformadas?

As constituições flexíveis podem ser reformadas pelo processo legislativo ordinário. Já as rígidas pedem um processo legislativo mais solene para sua reforma. As semirrígidas também podem ser alteradas, mas pedem um processo legislativo mais solene para a alteração de parte de seu conteúdo (não a totalidade, como nas rígidas). As superrígidas não podem ser alteradas em parte de seu conteúdo (como a brasileira, no que se refere às cláusulas pétreas).

Apenas as chamadas constituições imutáveis não poderiam ser reformadas.

77. Que vem a ser Constituição promulgada?

Constituição promulgada é aquela que se origina de uma Assembleia Constituinte democraticamente eleita para esse fim. Opõe-se à Constituição outorgada, a qual é entregue ao povo pelo governante, podendo ser ratificada por ele (passando a ser classificada como cesarista), mas que não possui ampla participação e debate popular em sua elaboração.

78. Qual a origem histórica da iniciativa popular?

A democracia direta já ocorria na Grécia Antiga, em Atenas, por volta de 500 a. C., com Clístenes. No mundo moderno, a democracia representativa tornou-se prevalecente, possuindo elementos de participação popular. A Constituição Brasileira de 1988 previu a iniciativa popular de lei pela primeira vez em nossa história, a qual foi regulada apenas dez anos depois, pela lei 9.709/98.

Devido aos pesados requisitos para se apresentar um projeto de lei ao Congresso Nacional - apoio de no mínimo 1% do eleitorado nacional, distribuído por no mínimo 5 estados, tendo no mínimo o apoio de 0,3% do eleitorado de cada um deles -, são poucos os pretos de lei de iniciativa popular que foram aprovados até o momento. Um deles é a lei complementar 135/10 - lei da ficha limpa -, outro é a lei 9.840/99, que criminaliza a compra de votos.

79. Qual o conceito de Constituição?

Para Alexandre de Moraes (Direito Constitucional, 21ª ed., p. 2) Constituição deve ser entendida

> *"como a lei fundamental e suprema de um Estado, que contém normas referentes à sua estruturação, à formação dos poderes públicos, forma de governo e aquisição do poder de governar, distribuição de competências, direitos, garantias e deveres dos cidadãos."*

80. Como se classifica a nossa Constituição?

A nossa Constituição é escrita (quanto à forma), promulgada (quanto à origem), formal (quanto ao conteúdo), dogmática (quanto ao modo de elaboração), superrígida (quanto à estabilidade) e analítica (quanto à extensão do conteúdo). Também pode ser classificada de normativa, dentro da classificação quanto à eficácia de Karl Loewenstein.

81. Qual a diferença entre a Constituição nominalista e a Constituição semântica?

Karl Loewenstein apresentou uma classificação quanto à eficácia dos textos Constitucionais. A Constituição nominalista seria aquela que apesar de não ter muita eficácia no presente, teria no futuro, com o aumento do progresso, da educação e da cultura de um povo. Seu caráter, no presente, é educativo.

Já a Constituição semântica seria aquela sem nenhuma eficácia, apenas usada para dar um caráter legítimo a um governo ilegítimo, seria um disfarce, uma máscara.

Loewenstein também cita a Constituição normativa, aquela eficaz e respeitada por aqueles a quem ela se dirige, que realmente dirige e coordena o processo político.

82. A Constituição escrita é necessariamente rígida?

Não. Ela pode ser imutável, flexível, semirrígida, ou ainda, em classificação dada por Alexandre de Moraes à nossa Constituição, superrígida. A forma escrita não necessariamente induz um modo mais solene de alteração da Constituição.

83. Como se classificam as Constituições?

Alexandre de Moraes (Direito Constitucional, 21ª ed., p. 3ss.) apresenta a seguinte classificação:

Quanto ao conteúdo

As constituições, quanto ao conteúdo, podem ser materiais ou formais. As constituições materiais não estão codificadas em um único documento, possuindo caráter constitucional todas as normas que tenham conteúdo material.

Já as Constituições formais são escritas, possuindo caráter constitucional o que foi codificado em um documento solene pelo Poder Constituinte Originário.

Quanto à forma

As constituições, para essa classificação, podem ser escritas e não escritas.

Quanto ao modo de elaboração

As constituições podem ser dogmáticas e históricas. Essas são fruto dos dogmas de seu tempo, pois feitas por uma Assembleia Constituinte, ao passo que aquelas são "fruto da lenta e contínua síntese da História e tradições de um determinado povo" (MORAES, p. 4) - exemplo: Constituição Inglesa.

Quanto à origem

As constituições podem ser promulgadas, outorgadas e cesaristas. São promulgadas as elaboradas por uma Assembleia Constituinte composta por membros eleitos pelo povo. São outorgadas, por outro lado, aquelas feitas pelo governante e impostas, sem a participação popular. Havendo, posteriormente, ratificação popular por meio de referendo, tem-se a chamada Constituição Cesarista.

Quanto à estabilidade

Aqui Alexandre de Moraes apresenta 5 classificações (p.5): imutáveis, rígidas, semirrígidas, flexíveis e superrígidas.

São imutáveis as Constituições que não podem ser mudadas. É possível também a imutabilidade relativa, em que a Constituição não pode ser mudada por um determinado período de tempo, geralmente, logo após a sua promulgação, com o intuito de garantir uma certa estabilidade institucional da nova ordem (ex.: Constituição brasileira de 1824).

As Constituições rígidas apenas podem ser alteradas por meio de um processo legislativo diferenciado, mais solene do que o previsto para as demais normas. As Constituições flexíveis, por outro lado, podem ser alterada pelo mesmo processo de elaboração das demais normas, como o das leis. Uma lei posterior à Constituição, por exemplo, alteraria o conteúdo da Carta Constitucional.

Já as Constituições semirrígidas teriam parte de seu texto constitucional passível de alteração por meio de um modo mais solene, já outra parte, de conteúdo diverso, poderia ser alterado por meio do processo legislativo comum.

A Constituição brasileira, por fim, pode ser classificada de superrígida, pois, além de prever um processo legislativo diferenciado para a alteração de suas normas, possui partes imutáveis (art. 60, §§).

Quanto à extensão

Podem ser classificadas de analíticas e sintéticas. As primeiras regulamentar minuciosamente os seus assuntos (Constituição Brasileira), ao passo que aquelas se concentram em princípios e normas gerais (Constituição Estadunidense).

Direito Administrativo

84. Qual a diferença entre decreto e regulamento?

Os atos administrativos possuem cinco elementos: competência, finalidade, motivo, forma, objeto. No presente caso, a distinção ocorre entre os elementos objeto e forma, pois decreto é o nome que se dá para a forma do ato - sua exteriorização -, regulamento é o nome que se dá ao objeto ou conteúdo do ato.

A confusão se faz presente apenas no caso do decreto regulamentar (84, VI, CF). Nem sempre o conteúdo do decreto será um regulamento, como se pode ver no mesmo artigo.

Citar a exceção é primordial. O decreto regulamentar certamente foi a razão pela qual a pergunta foi feita, e sua menção é obrigatória.

85. Pode existir licença não vinculada?

A licença é um ato administrativo vinculado por sua própria natureza. Entretanto, dentro do direito ambiental, é a licença ambiental é considerada um ato administrativo com discricionariedade sui generis. Segundo Celso Antonio Pacheco Fiorillo, em Curso de Direito Ambiental Brasileiro, 12ª edição, p. 214ss.:

"Primeiramente, cumpre esclarecer que o EIA/RIMA nem sempre é obrigatório, porquanto o próprio texto constitucional condiciona a existência desse instrumento às obras e atividades potencialmente causadoras de significativa degradação ambiental (225, 1º, IV), e nem toda atividade econômica possui

essa característica.

Deve-se observar que a existência de um EIA/RIMA favorável condiciona a autoridade à outorga da licença ambiental, existindo dessa feita, o direito de o empreendedor desenvolver atividade econômica. Temos, nessa hipótese o único caso de uma licença ambiental vinculada. [...]

Por outro lado, se o EIA/RIMA mostra-se desfavorável, totalmente ou em parte, caberá à administração, segundo critérios de conveniência e oportunidade, avaliar a concessão ou não da licença ambiental, porquanto, como já foi realçado, o desenvolvimento sustentável é princípio norteador da preservação do meio ambiente e do desenvolvimento da ordem econômica. Essa possibilidade retrata uma discricionariedade sui generis. Evidentemente, a concessão da licença deverá ser fundamentada, atacando cada um dos pontos que se mostrarem impactantes ao meio ambiente, sob pena de ferir o preceito contido no art. 37, da CF.."

Deve-se lembrar que pode ainda a administração impor, justificadamente, condições específicas no caso particular para que a licença seja concedida, dentro da órbita de sua discricionariedade e do relatório do EIA/RIMA. Em razão disso, no mesmo trecho, continua Fiorillo:

"Interessante verificar que o EIA/RIMA atua como elemento de restrição da discricionariedade que ele mesmo criou, porquanto permite à Administração, com base nos elementos do estudo, a concessão ou não da licença."

Lembra do exemplo da introdução? Aqui é a mesma coisa: o concursando decora tanto que a licença é um ato vinculado que se esquece da maior   exceção, ou seja, a licença ambiental.

86. O que é alvará?

Segundo Odete Medauar (Direito Administrativo Moderno, 11ª edição, p. 145):

"Alvará é ato que formaliza o consentimento da Administração para o exercício de atividades de particulares. Tais atividades, embora lícitas, são condicionadas ao prévio consentimento da administração. [...] Em geral formaliza a licença e a autorização."

87. Há diferença entre arbítrio e discricionariedade do ato administrativo?

A discricionariedade é motivada, segue o princípio da legalidade e do devido processo legal - com contraditório e ampla defesa - bem como os da razoabilidade e da proporcionalidade em sua motivação. A arbitrariedade ocorre quando esses fundamentos são desrespeitados.

88. Que vem a ser a Teoria dos Motivos Determinantes?

Ainda que o agente não seja obrigado a motivar o ato administrativo, motivando-o, o ato fica vinculado à existência desses fatos e seu enquadramento legal. Assim, caso sejam falsos, o ato será inválido.

89. Qual a consequência se a administração motivar o ato?

Motivando-se o ato, esse vincula-se ao seu motivo, e, pela Teoria dos Motivos Determinantes, sendo ele inexistente, o ato torna-se inválido.

90. Quais os atributos dos atos administrativos?

São eles:

- Presunção de legitimidade;
- Autoexecutoriedade;
- Imperatividade.

Alguns autores também acrescentam a exigibilidade como meio-termo entre a imperatividade e a autoexecutoriedade, bem como o atributo tipicidade.

91. Qual a diferença entre motivo e motivação do ato administrativo?

Motivação é a forma pela qual o motivo é expresso, ou seja, a sua explicitação.

92. O que é o motivo do ato administrativo?

Segundo Odete Medauar (Direito Administrativo Moderno, 11ª edição, p. 136):

"No âmbito do Direito Administrativo, motivo significa as circunstâncias de fato e os elementos de direito que provocam e precedem a edição do ato administrativo. Por exemplo: o ato disciplinar punitivo tem como motivo uma conduta do servidor (circunstância de fato) que a lei qualificou como infração funcional (elemento de direito)"

93. Em que casos se admite a forma não escrita para o ato administrativo?

A lei prevê que o ato administrativo deve seguir a forma mínima necessária para se assegurar os direitos dos administrados (lei 9784/99, art. 2º, VIII e IX). Dessa forma, para se garantir o controle dos atos administrativos pelo Poder Legislativo, seus órgãos auxiliares e pelo Poder Judiciário, a mínima forma escrita se faz necessária (como no artigo 22, §1º, da mesma lei). Assim a forma não escrita acaba sendo reservada para casos de urgência, transitoriedade ou irrelevância do ato (apito do guarda, por exemplo). É também admitida a forma verbal no caso de contratos de valor até R$ 4.000,00 , no caso de pequenas compras de pronto pagamento, de acordo com o artigo 60, parágrafo único da lei 8.666/93, todos os outros, porém devem ser escritos.

Para sua maior comodidade, eis os artigos citados acima:
Lei 9.784/99, artigo 2º
VIII – observância das formalidades essenciais à garantia dos direitos dos administrados;
IX - adoção de formas simples, suficientes para propiciar adequado grau de certeza, segurança e respeito aos direitos dos administrados;

Art. 22. Os atos do processo administrativo não dependem de forma determinada senão quando a lei expressamente a exigir.
§ 1º Os atos do processo devem ser produzidos por escrito, em vernáculo, com a data e o local de sua realização e a assinatura da autoridade responsável.

MEMORIZAÇÃO INTELIGENTE É AQUELE QUE SE DEDICA ÀQUILO QUE JÁ CAIU. NÃO FAÇA COMO MUITOS ESTUDANTES QUE LEEM OS CÓDIGOS PURA E SIMPLESMENTE, SEM FAZER DISTINÇÃO ENTRE O QUE COSTUMA CAIR E O QUE NÃO COSTUMA CAIR. DUVIDO QUE POSSAM MANTER A CONCENTRAÇÃO POR MUITO TEMPO.

94. Fale-me sobre a competência.

Possui competência para editar um ato administrativo aquele a quem a lei atribui a capacidade para editá-los. Para Odete Medauar (Direito Administrativo Moderno, 11ª edição, p. 134):

"A verificação da competência do agente se efetua com base em três pontos, sobretudo:
a) matérias incluídas entre suas atribuições, levando-se em conta o grau hierárquico e possível delegação (competência ratione materiae);
b) âmbito territorial em que as funções são desempenhadas (competência ratione loci);
c) limite de tempo para o exercício das atribuições, com início a partir da investidura legal e término na data da demissão, exoneração, término do mandato, falecimento, aposentadoria, revogação da delegação, etc.(competência ratione temporis)."

95. O que caracteriza um ato jurídico como administrativo?

Na teoria geral do direito, as manifestações de vontade são atos jurídicos. Já, no direito administrativo as manifestações de vontade das pessoas jurídicas de direito público, seus órgãos e autoridades são consideradas atos administrativos. Assinala Odete Medauar (Direito administrativo moderno, 11ª edição, p. 133), que:

"Hoje se deve entender a "vontade", que se exprime no ato administrativo, não como um fato psíquico, de caráter subjetivo, mas como um momento objetivo. É uma das consequências do princípio da impessoalidade que norteia as atividades da administração pública."

96. Quais os elementos e os requisitos dos atos administrativos?

São elementos dos atos administrativos: competência, objeto, motivo, finalidade, forma.

97. A delegação pode ser revogada?

Afirma o artigo 14,§2°, da lei 9.784/99 que a delegação é revogável a qualquer tempo delegante, ainda que seja por prazo determinado.

> *Art. 14. O ato de delegação e sua revogação deverão ser publicados no meio oficial.*
> *§ 2o O ato de delegação é revogável a qualquer tempo pela autoridade delegante.*

98. Quem será o responsável pelo ato na delegação?

O responsável é o delegado, não o delegante.

Afirma a súmula 510 do STF: "Praticado o ato por autoridade no exercício de competência delegada, contra ela cabe mandado de segurança ou medida judicial".

99. Que vem a ser o mérito do ato administrativo?

O mérito são as razões de conveniência e oportunidade do ato administrativo.

100. Ato praticado por servidor louco é válido?

No ato administrativo vinculado a vontade do agente não tem influência em sua validade, portanto, o ato seria válido, ainda que praticado por agente civilmente incapaz. O teor dos atos administrativos vinculados, afinal, é determinado pela lei. Já no caso de ato administrativo discricionário, a incapacidade civil do agente resultaria na invalidade do ato, pois sua vontade é primordial na formação do ato.

101. Qual a diferença entre perfeição, validade e eficácia do ato administrativo?

Segundo Odete Medauar (Direito Administrativo Moderno, 11ª edição, p. 138-139):

> *"Considera-se perfeito o ato administrativo que resultou do cumprimento de todas as fases relativas a sua formação, podendo, então, ingressar no mundo jurídico. [...] Validade, por sua vez, diz respeito ao atendimento de todas as exigências legais [...]. Eficácia quer dizer realização do efeito ou dos efeitos que o ato administrativo visa - é a produção de efeitos jurídicos."*

102. O ato da revogação deve ser motivado?

Sim, tendo em vista que a revogação ocorre por motivos de conveniência e oportunidade da Administração.

103. A revogação produz efeitos contra terceiros?

A Súmula 473, do STF, afirma a necessidade da revogação respeitar os direitos adquiridos - e aqui se incluiria os direitos adquiridos de terceiros.

104. Que se entende por revogação dos atos administrativos?

A revogação é um ato administrativo que extingue outros atos administrativos, baseado em critérios de conveniência e oportunidade, feito pela própria administração e não pelo Poder Judiciário, com efeitos ex nunc.

105. Há prazo para a administração anular um ato administrativo?

A lei 9.784/99 prevê em seu artigo 54, o prazo de 5 anos, salvo comprovada má-fé.

> *Art. 54. O direito da Administração de anular os atos administrativos de que decorram efeitos favoráveis para os destinatários decai em cinco anos, contados da data em que foram praticados, salvo comprovada má-fé.*

106. Como se extinguem os atos administrativos?

Os atos administrativos podem se extinguir por diversos motivos. Um deles (1°) é por ter se extinguido os seus efeitos. Outro (2°) é pela cassação: um ato administrativo que desfaz outro por não terem sido cumpridas as razões necessárias para sua manutenção. Ex.: cassação de licença, ou demissão por falta grave de servidor público. Ainda outra forma (3°) de extinção do ato administrativo é pela revogação e a anulação, que também são atos administrativos que desfazem outros atos administrativos. Odete Medauar (Direito Administrativo Moderno, 11ª edição, p. 134) elenca as diferenças entre os dois:

> *"No direito administrativo brasileiro a diferença entre as duas figuras é fixada pela conjugação de três critérios. Conforme o critério objetivo ou do fundamento, a anulação ocorre por razões de ilegalidade, enquanto a revogação se baseia em motivos de mérito, atinente, portanto, à conveniência e à oportunidade. Segundo o critério do poder competente, também denominado critério subjetivo, a anulação consiste na supressão do ato administrativo ou pela própria administração ou pelo Poder Judiciário; a revogação é o desfazimento do ato administrativo efetuado pela própria administração. Sob o ângulo do momento dos efeitos, a anulação elimina o ato administrativo com efeitos ex tunc, ou seja com efeitos pretéritos; a revogação produz efeitos ex nunc, ou seja, efeitos futuros."*

107. Como se diferencia o objeto da finalidade do ato administrativo?

Segundo Di Pietro, em palestra dada no Tribunal de Contas de São Paulo:

"A finalidade é o resultado do ato administrativo, só que, enquanto o objeto é o efeito jurídico imediato, a finalidade é o resultado mediato que se quer alcançar. Quer-se alcançar a disciplina, quer-se alcançar a boa ordem, quer-se alcançar uma série de coisas, fundamentalmente, quer-se alcançar o interesse público. Mas a palavra finalidade também é vista em dois sentidos. Por exemplo, no livro do Helly Lopes Meirelles, é dito que a finalidade de todo ato administrativo é o interesse público; nesse caso, a finalidade é considerada em sentido amplo; qualquer ato que seja contrário ao interesse público é ilegal."

108. Em que consiste a finalidade do ato jurídico?

Segundo Irene Patrícia Nohara (Direito Administrativo - Leituras Jurídicas, 8ª edição, p. 46):

"Finalidade compreende o objetivo (fim) que a Administração Pública quer alcançar com o ato. O Ato administrativo comporta dois sentidos do termo: finalidade lato sensu, que designa o interesse público, pois todos os atos devem visar aos fins públicos, e stricto sensu, que compreende a finalidade extraída explícita ou implicitamente da lei para o ato administrativo específico."

109. Em que consiste o objeto do ato administrativo?

Afirma Odete Medauar (Direito Administrativo Moderno, 11ª ed., p. 135):

"De modo geral a doutrina considera sinônimos objeto e conteúdo. Objeto significa o efeito prático pretendido com a edição do ato administrativo ou a modificação por ele trazida

ao ordenamento jurídico. Por exemplo: num ato de nomeação o resultado pretendido é investir uma pessoa nas funções de um cargo, para assumir o dever e o direito de exercer as atribuições pertinentes; numa declaração expropriatória, o resultado pretendido é desencadear um processo que vai levar à retirada de determinado bem do patrimônio de seu proprietário."

Direito Ambiental/Direitos Difusos e Coletivos

111. O que é bioma?

Segundo o dicionário Houaiss, 2009:

"Bioma s.m. ECO 1. grande comunidade estável e desenvolvida adaptada às condições ecológicas de uma certa região, e ger. caracterizada por um certo tipo de vegetação, como, por exemplo, a floresta temperada; biocoro. 2. clímax de uma determinada região, biocoro."

SIM, A PERGUNTA É SIMPLES, APESAR DE TÉCNICA. RESPIRE FUNDO, E VOCÊ LEMBRARÁ QUE NÃO PRECISA DE UM DICIONÁRIO PARA SABER O QUE É BIOMA. LEMBRE-SE, O CONCURSO É JURÍDICO E O EXAMINADOR PROVAVELMENTE NÃO ESPERA DE VOCÊ O MESMO QUE DE UM BIÓLOGO.

112. O que é princípio da correção na fonte?

Parecer do Procurador Geral de Justiça de São Paulo expressa muito bem esse princípio:

> *"Acrescente-se que as determinações contidas na legislação municipal, a rigor, não inovam em Direito Ambiental, pois <u>a reparação do dano, sob a forma de compensação, de fato, deve ser feita na mesma bacia hidrográfica onde ele foi causado</u>. A recomendação para que não haja transposição de bacias, quando do tratamento de efluentes, também atende a todos os princípios de direito ambiental, especialmente o que determina a correção na fonte.*
>
> *José Joaquim Gomes Canotilho, sobre o princípio*

da correção na fonte, ensina que "este é um princípio bastante recente no Direito do Ambiente que aparece também designado na doutrina como princípio do produtor-eliminador, princípio da autossuficiência ou princípio da proximidade".

Ainda segundo o autor, "este é um princípio muito fecundo, que permite responder às questões de quem, onde e quando deve desenvolver ações de proteção do ambiente. Visa, portanto, pesquisar as causas da poluição para, sempre que possível, as eliminar ou, pelo menos, para as moderar, evitando que a poluição se repita.

Onde: Entendendo a fonte num sentido espacial, a correção implica a proibição de transporte de produtos nocivos para o ambiente do local onde são produzidos, e onde deveriam ser reciclados, tratados ou eliminados, para outro local mais ou menos distante. Neste sentido, o princípio da correção na fonte tem uma especial aplicação no campo dos resíduos, legitimando restrições à liberdade de circulação de mercadorias através do encerramento das fronteiras aos resíduos perigosos provenientes de outros Estados. O princípio da correção na fonte impede o 'turismo dos resíduos'".

113. Quem é considerado poluidor?

De acordo com a lei 6.938/81, art. 3º, IV, poluidor é a pessoa física ou   jurídica, de direito público ou privado, responsável direta ou indiretamente, por *atividade causadora de dano ambiental*.

114. Quais os instrumentos de que o cidadão dispõe para a tutela do meio ambiente?

A (1) ação popular, a (2) representação ao Ministério Público para a instauração de Inquérito Civil, ou Ação Civil Pública, bem como o (3) uso de Associações das quais é membro para entrar com Ação Civil Pública (desde que fundada há pelo menos um ano e que tenha entre suas finalidades institucionais a defesa do meio ambiente), além de (4) representação/denúncia perante órgãos ambientais municipais, estaduais e o IBAMA para a repressão administrativa do ilícito, bem como (5) a realização de boletim de ocorrência no caso de crime ambiental.

115. Quais são as consequências referentes ao princípio da precaução e prevenção referente ao ônus da prova?

Há uma forte interação entre o direito ambiental e o direito do consumidor, aplicando-se ao primeiro a regra do artigo 6º, VIII, do CDC, que permite a inversão do ônus da prova (em razão de uma interpretação ampla do artigo 21, da lei 7347/85). Sendo assim, tratando-se do princípio da precaução, deve o acusado provar que sua tecnologia, por exemplo, não provoca dano ambiental.

A interpretação que permite a aplicação da inversão do ônus da prova do CDC ao direito ambiental tem origem jurisprudencial. Confira abaixo.

Veja o REsp 106753/09:

> *"A essas normas agrega-se o Princípio da Precaução. Esse preceitua que o meio ambiente deve ter em seu favor o benefício da dúvida no caso de incerteza (por falta de provas cientificamente relevantes) sobre o nexo causal entre determinada atividade e um efeito ambiental negativo.*
> *Incentiva-se, assim, a antecipação de ação preventiva, ainda que não se tenha certeza sobre a sua necessidade e, por outro lado, proíbe-se as atuações potencialmente lesivas, mesmo que essa potencialidade não seja cientificamente indubitável. Além desse conteúdo substantivo, entendo que o Princípio da Precaução tem ainda uma importante concretização adjetiva: a inversão do ônus da prova.*

[...]"

E ainda, no mesmo acórdão:

> *"Com isso, pode-se dizer que o princípio da precaução inaugura uma nova fase para o próprio Direito Ambiental. Nela já não cabe aos titulares de direitos ambientais provar efeitos negativos (= ofensividade) de empreendimentos levados à apreciação do Poder Público ou do Poder Judiciário, como é o caso do instrumentos filiados ao regime de simples prevenção (p. ex., o Estudo de Impacto Ambiental); por razões várias que não podem aqui ser analisadas (a disponibilidade de informações cobertas por segredo industrial nas mãos dos empreendedores é apenas uma delas), impõe-se aos degradadores potenciais o ônus de corroborar a inofensividade de sua atividade proposta, principalmente naqueles casos em onde eventual dano possa ser irreversível, de difícil reversibilidade ou de larga escala.*
>
> *Noutro prisma, a precaução é o motor por trás da alteração radical que o tratamento de atividades potencialmente degradadoras vem sofrendo nos últimos anos. Firmando-se a tese – inclusive no plano constitucional – de que <u>há um dever genérico e abstrato de não degradação do meio ambiente, inverte-se, no campo dessas atividades, o regime de ilicitude, já que, nas novas bases jurídicas, esta se presume até prova em contrário.</u> (in Responsabilidade Civil pelo Dano Ambiental, Revista de Direito Ambiental , São Paulo, v. 9, ano 3, p. 17-18, jan/mar. 1998). "*

116. Pode-se cogitar da supressão da reserva legal?

Sim, nos termos do artigo 26, §4°, do Novo Código Florestal (lei 12.651, com as modificações da Medida Provisória 571, de 2012). Depende, ainda, segundo o caput do artigo 26, de Cadastro

Ambiental Rural (CAR, explicado nos artigos 29ss. Do novo Código Florestal) e de Autorização do órgão competente do SISNAMA.

117. No artigo 225, da CF, o que significa a expressão "todos"? A vida animal está incluída aí?

> *Art. 225. Todos têm direito ao meio ambiente ecologicamente equilibrado, bem de uso comum do povo e essencial à sadia qualidade de vida, impondo-se ao Poder Público e à coletividade o dever de defendê-lo e preservá-lo para as presentes e futuras gerações.*

Considera-se, no ordenamento jurídico nacional, que a proteção dos animais ocorre porque o ser humano tem o direito de não se sentir mal com o modo como eles são tratados. Sendo a Terra um organismo vivo (tese de gaia), em que todos os seres estão interligados, a proteção ao meio ambiente ocorre justamente porque ao proteger-se os animais protege-se os seres humanos.

É preciso notar, entretanto, que há propostas de aprovação da Declaração Universal dos Direitos dos Animais pela UNESCO e da Declaração Universal do Bem-Estar Animal pela ONU, as quais não foram ratificadas ou assinadas pelo Brasil.

118. O que é ecossistema?

A definição jurídica de ecossistema confunde-se com a de meio ambiente, e, portanto, deve seguir aquela prevista no artigo 3º, I, da lei 6.938/81:

> *I - meio ambiente, o conjunto de condições, leis, influências e interações de ordem física, química e biológica, que permite, abriga e rege a vida em todas as suas formas.*

119. O que é fragmentação do habitat? Qual sua consequência para o meio ambiente?

Os seres humanos geralmente causam a fragmentação do habitat quando a vegetação nativa é removida para instalar produção agrícola, desenvolvimento rural ou planeamento urbano. Os habitats, que antes formaram uma unidade, ficam separados em fragmentos isolados. Depois de uma limpeza intensiva do terreno, os fragmentos de habitat tendem a ficar como ilhas isoladas entre si por caminhos, estradas, pastagens, etc..

Para impedir que a fragmentação do habitat prejudique o meio ambiente, a lei 9.985/00, em seu artigo 26 prevê a criação de mosaicos:

> *Art. 26. Quando existir um conjunto de unidades de conservação de categorias diferentes ou não, próximas, justapostas ou sobrepostas, e outras áreas protegidas públicas ou privadas, constituindo um <u>mosaico</u>, a gestão do conjunto deverá ser feita de forma integrada e participativa, considerando-se os seus distintos objetivos de conservação, de forma a compatibilizar a presença da biodiversidade, a valorização da sociodiversidade e o desenvolvimento sustentável no contexto regional.*

Apesar da previsão legislativa brasileira, ainda é mais comum encontrar canais de integração entre as unidades de conservação, com vistas a evitar a fragmentação de habitat e estabelecer o mosaico, no estrangeiro. Na Alemanha, tais canais são chamadas de grünbrucke (ponte verde) ou wildbrücke (ponte selvagem).

120. O que significa o manejo ecológico das espécies e dos ecossistemas?

O manejo florestal sustentável está definido na lei 11.284/06, em seu artigo 3°, VI:

VI - manejo florestal sustentável: administração da floresta para a obtenção de benefícios econômicos, sociais e ambientais, respeitando-se os mecanismos de sustentação do ecossistema objeto do manejo e considerando-se, cumulativa ou alternativamente, a utilização de múltiplas espécies madeireiras, de múltiplos produtos e subprodutos não madeireiros, bem como a utilização de outros bens e serviços de natureza florestal.

121. Existe o direito de poluir?

A licença ambiental não confere o direito de poluir a quem a tem, apenas possibilita a realização da atividade econômica, já que em tese, ela não causará danos ao meio ambiente. Havendo danos ao meio ambiente, ou seja, havendo poluição, esses devem ser reparados sempre.

122. Existe coisa julgada com relação ao direito ambiental?

A resposta encontra-se no artigo 103 e respectivos incisos do Código de Defesa do Consumidor, no que se refere às ações coletivas:

Art. 103. Nas ações coletivas de que trata este código, a sentença fará coisa julgada:

I - erga omnes, exceto se o pedido for julgado improcedente por insuficiência de provas, hipótese em que qualquer legitimado poderá intentar outra ação, com idêntico fundamento valendo-se de nova prova, na hipótese do inciso I do parágrafo único do art. 81;

II - ultra partes, mas limitadamente ao grupo, categoria ou classe, salvo improcedência por insuficiência de provas, nos termos do inciso anterior, quando se tratar da hipótese prevista no inciso II do parágrafo único do art. 81;

III - erga omnes, apenas no caso de procedência do pedido, para beneficiar todas as vítimas e seus sucessores, na hipótese do inciso III do parágrafo único do art. 81.

§ 1° Os efeitos da coisa julgada previstos nos incisos I

e II não prejudicarão interesses e direitos individuais dos integrantes da coletividade, do grupo, categoria ou classe.

Assim, há coisa julgada, mas apenas quando for para beneficiar as partes prejudicadas pelo dano ambiental.

Lembrando que o dano ambiental sempre deverá ser reparado - in dubio pro natura - de tal forma que a coisa julgada nunca poderá ser usada como justificativa para perpetuar um evento danoso ao meio ambiente.

123. Existe diferença entre dano e ilícito no direito ambiental?

Acontece que o dano é uma consequência eventual do ato contrário ao direito. É possível, assim, destacar o dano do ato ilícito, para que os direitos sejam adequadamente tutelados.

Ato contrário ao direito é conceito jurídico equivalente ao de ilícito. Assim, dano é o resultado do ilícito, e ambos não ocorrem necessariamente no mesmo momento. Além do mais, o dano, no direito ambiental, não é necessariamente o resultado de um ilícito, pois aplicando-se a teoria do risco integral no âmbito da responsabilização civil ambiental - como defende parte respeitável da doutrina -, o caso fortuito e a força maior impõe a reparação ao causarem danos, que, nessa hipótese, não serão resultados de um ilícito, mas mesmo assim deverão ser reparados.

O candidato em um primeiro momento pode pensar que dano e ilícito são a mesma coisa, mas não são. O ato de causar um dano é um ilícito, mas o dano é apenas seu resultado.

124. Qual a diferença entre direitos coletivos stricto sensu e lato sensu?

Direitos coletivos lato sensu é uma referência a todos os tipos de direitos coletivos existentes, nos quais se incluem os direitos difusos, os coletivos stricto sensu e os direitos individuais homogêneos.

Assim, os direitos coletivos stricto sensu estão definidos no artigo 81, parágrafo único, inciso II:

> *"interesses ou direitos coletivos, assim entendidos, para efeitos deste código, os transindividuais, de natureza indivisível de que seja titular grupo, categoria ou classe de pessoas ligadas entre si ou com a parte contrária por uma relação jurídica base."*

125. Quais os princípios do direito ambiental?

Segundo Celso Fiorillo, na sua obra Curso de Direito Ambiental Brasileiro, os princípios presentes em nossa Constituição são:

- Princípio do desenvolvimento sustentável (p. 82ss.): "tem por conteúdo a manutenção das bases vitais da produção e reprodução do homem e de suas atividades, garantindo igualmente uma relação satisfatória entre os homens e destes com o seu ambiente, para que as futuras gerações também tenham a oportunidade de desfrutar os mesmos recursos que temos hoje à nossa disposição."

- Princípio do Poluidor-Pagador (p. 92ss.): "num primeiro momento, impõe-se ao poluidor o dever de arcar com as despesas de prevenção dos danos ao meio ambiente que sua atividade pode ocasionar. Cabe a ele o ônus de utilizar instrumentos necessários à prevenção de danos. Numa segunda órbita de alcance, esclarece este princípio que, ocorrendo danos ao meio ambiente em razão da atividade desenvolvida, o poluidor será responsável por sua reparação."

- Princípio da precaução: é o princípio 15 da Declaração do Rio, assim nela definido: "para proteger o meio ambiente medidas de precaução dever ser largamente aplicadas pelos Estados segundo suas capacidades. Em caso de riscos de danos graves e irreversíveis, a ausência de certeza científica absoluta não deve servir de pretexto para procrastinar a adoção e medidas visando a prevenir a degradação ao meio ambiente."

- Princípio da prevenção: sempre que possível prevenir os danos ao meio ambiente , isso deve ser feito, diferencia-se do princípio da precaução por aqui haver a certeza de que haverá dano ao meio ambiente se determinada atitude for tomada.

Fiorillo não diferencia o princípio da precaução da prevenção, por entender que no fim, eles sempre chegam às mesmas conclusões. Importante posição que sempre deve ser citada.

- Princípio da participação (p. 124): O fato de a administração de um bem ficar sob a custódia do Poder Público não elide o dever de o povo atuar na conservação e preservação do bem de quem é titular.

- Princípio da ubiquidade (p.128ss.): *"Esse princípio vem evidenciar que o objeto de proteção do meio ambiente, localizado no epicentro dos direitos humanos, deve ser levado em consideração toda vez que uma política, atuação, legislação, sobre qualquer tema, atividade, obra, etc. tiver que ser criada e desenvolvida. Isso porque, na medida em que possui como ponto cardeal de tutela constitucional a tutela à vida e à sadia qualidade de vida, tudo que se pretende fazer, criar ou desenvolver deve antes passar por uma consulta ambiental, enfim, para saber se há ou não possibilidade de que o meio ambiente seja degradado."*

126. Defina meio ambiente do trabalho.

Meio ambiente do trabalho é a proteção ao o local em que o trabalho é prestado, tendo por fim garantir que a saúde e a segurança do trabalhador não sejam nele prejudicadas.

127. O que se entende por meio ambiente?

A definição de meio ambiente está na Lei da Política Nacional do Meio Ambiente, em seu artigo 3º, I:

> *art. 3º, I : meio ambiente, o conjunto de condições, leis, influências e interações de ordem física, química e biológica, que permite, abriga e rege a vida em todas as suas formas.*

128. O que é meio ambiente cultural?

Afirma Celso Fiorillo (Curso de Direito Ambiental brasileiro, p. 407), que "ao se tutelar o meio ambiente cultural, o objeto imediato de proteção relacionado com a qualidade de vida é o patrimônio cultural de um povo." O conceito de meio ambiente cultural e o de patrimônio cultural se confundem, Esse último vem definido no artigo 216, da Constituição Federal:

> *"Art. 216. Constituem patrimônio cultural brasileiro os bens de natureza material e imaterial, tomados individualmente ou em conjunto, portadores de referência à identidade, à ação, à memória dos diferentes grupos formadores da sociedade brasileira, nos quais se incluem:*
>
> *I - as formas de expressão;*
>
> *II - os modos de criar, fazer e viver;*
>
> *III - as criações científicas, artísticas e tecnológicas;*
>
> *IV - as obras, objetos, documentos, edificações e demais espaços destinados às manifestações artístico-culturais;*
>
> *V - os conjuntos urbanos e sítios de valor histórico,*

paisagístico, artístico, arqueológico, paleontológico, ecológico e científico."

129. Qual a natureza jurídica do meio ambiente?

O Código Civil classifica os bens públicos em bens de uso comum do povo, bens de uso especial e bens dominicais. O meio ambiente poderia ser classificado como bem público de uso comum do povo dentro da concepção civilista clássica, entretanto, há ambientalistas que discordam de tal concepção. Fiorillo, em seu Curso de Direito Ambiental Brasileiro, afirma que a classificação enquanto bem difuso seria mais adequada, afinal os bens difusos são classificados (p.180) "tendo em vista o critério da indeterminabilidade dos titulares e da indivisibilidade de seu objeto". Continua o renomado autor:

> *"Não se pode olvidar, como critério diferenciador, que o bem público tem como titular o Estado (ainda que deva geri-lo em função e em nome da coletividade), ao passo que o bem de natureza difusa repousa a sua titularidade no próprio povo. Com isso, eventuais condenações ao ressarcimento do dano a um bem de natureza pública e a outro de natureza difusa possuirão destinos diferentes. No primeiro caso, o objeto da arrecadação será destinado ao Estado, enquanto que no segundo, em princípio, destinar-se-á ao fundo criado na lei 7.347/85 - Fundo de Defesa de Direitos Difusos (lei 9.008/95) - ou mesmo aos fundos estaduais."*

O examinador, nessa questão, desejava que o candidato explicasse certamente as duas posições, a de meio ambiente como bem público de uso comum (posição antiga) e a de bem difuso (posição do Fiorillo). Dominá-las é necessário.

130. O Município pode legislar mais amplamente que a União e os Estados em matéria ambiental?

A competência legislativa em matéria ambiental é concorrente (art. 24, VI, da CF), cabendo, entretanto, aos Municípios suplementar a legislação federal e a estadual no que couber, bem como legislar sobre assuntos de interesse local (art. 330, I e II, da CF). Logo, a competência do Município é mais restrita que a da União e a dos Estados, pois legisla menos, sobre assuntos restritos.

131. Quando um dano ambiental acarreta uma lesão moral?

Um dano ambiental acarreta uma lesão moral ao afetar os valores e sentimentos morais de alguém, ou de uma coletividade, no caso do dano moral coletivo. Um exemplo seria um navio que afunda próximo a uma bela praia, liberando toxinas que matem a fauna, a flora e danifiquem a beleza do local. Os frequentadores dessa praia, ou os moradores dessa região certamente ficariam moralmente abalados ao verem tal situação, de tal forma que se teria o contexto de um dano moral ambiental, segundo parte respeitável da doutrina.

132. Como um juiz calcula um dano moral ambiental? Existem critérios?

A extensão do dano e a capacidade econômica das partes são os principais parâmetros a serem aplicados no cálculo do dano moral ambiental, tendo por base os princípios da razoabilidade, da proporcionalidade e da vedação do enriquecimento sem causa.

133. A lei pode modificar o regime de responsabilização objetiva do dano ambiental?

Não, pois considera-se que a Constituição, em seu artigo 225, §3º, teria previsto a responsabilização objetiva por dano ambiental.

> 225, § 3º - As condutas e atividades consideradas lesivas ao meio ambiente sujeitarão os infratores, pessoas físicas ou jurídicas, a sanções penais e administrativas, independentemente da obrigação de

reparar os danos causados.

134. Quais os elementos psicossociais do dano ambiental?

O artigo 3°, III, da Política Nacional do Meio Ambiente coloca, entre as atividades que podem ser consideradas poluidoras, aquelas que (alínea "a") "prejudiquem a saúde, a segurança e o bem-estar da população". Ora, o bem-estar psicológico de uma pessoa faz parte de sua saúde, por isso uma atitude que afete alguém (ou toda uma coletividade, tal qual previsto no art. 3°, III, b, da mesma lei) psicologicamente é considerada poluição, e portanto, tais atitudes causam dano ambiental.

135. Quais os atributos do dano ambiental?

Pressuposto da ocorrência do dano ambiental é a ocorrência de poluição. A lei 6.938/81 define poluição em seu artigo 3°, III:

III - poluição, a degradação da qualidade ambiental resultante de atividades que direta ou indiretamente:

a) prejudiquem a saúde, a segurança e o bem-estar da população;

b) criem condições adversas às atividades sociais e econômicas;

c) afetem desfavoravelmente a biota;

d) afetem as condições estéticas ou sanitárias do meio ambiente;

e) lancem matérias ou energia em desacordo com os padrões ambientais estabelecidos.

Aplica-se, igualmente, a dano ambiental, a teoria da responsabilidade objetiva (art. 14, §1°, da lei 6938/81), apenas se perguntando quanto ao dano e ao nexo de causalidade para se promover a responsabilização. Até mesmo o nexo de causalidade, entretanto, é relativizado em algumas situações, tendo em vista que a obrigação de reparar o dano ambiental é propter rem, e amplia-se com a transferência da propriedade - o novo proprietário passa a ser responsável, ao lado do antigo, pela reparação do dano ao meio ambiente.

III - poluição, a degradação da qualidade ambiental resultante de atividades que direta ou indiretamente:

a) prejudiquem a saúde, a segurança e o bem-estar da população;

b) criem condições adversas às atividades sociais e econômicas;

c) afetem desfavoravelmente a biota;

d) afetem as condições estéticas ou sanitárias do meio ambiente;

e) lancem matérias ou energia em desacordo com os padrões ambientais estabelecidos.

Há uma discussão doutrinária a respeito da teoria a ser aplicada no âmbito da responsabilização civil por dano ambiental - se a teoria do risco integral, ou a teoria do risco não integral. A primeira, ao contrário da segunda, não admite o caso fortuito ou a força maior como excludentes de responsabilidade, posição essa adotada pela maior parte da doutrina, por evitar confusões em casos em que o caso fortuito seja concomitante a uma parcela de culpa do poluidor.

Citar as duas teorias é extremamente importante. Não tente adivinhar a posição do examinador: cite as duas posições, e mencione, ao final, a frase secreta: "apesar da respeitabilidade da teoria 'x' (no caso, risco não-integral), a teoria 'y' (no caso risco integral) prevalece atualmente na doutrina e jurisprudência."

136. Onde deverá ser proposta a ação civil pública por dano ambiental que afete mais de uma comarca?

Tendo o dano abrangência local, a ação deverá ser proposta em uma das comarcas do local de dano, e em seguida aplicar-se-ão as regras de prevenção do juízo (art. 2º, parágrafo único da lei 7.347/95 c/c o art. 93, I, do CDC). É possível, entretanto, que o dano tenha efeitos regionais, ou ainda nacionais, por afetar mais de uma comarca. Nessa hipótese, preciso será a aplicação subsidiária do Código de Defesa do Consumidor (tal como expressamente permitido pela Lei de Ação Civil Pública, em seu artigo 21), devendo ser proposta a ação no foro da Capital de Estado ou do Distrito Federal (art. 93, II, CDC).

137. O caso fortuito e a força maior excluem a responsabilidade por dano ambiental?

Aplica-se ao dano ambiental, em razão da importância dada ao bem protegido, a teoria do risco integral. Dessa forma, além de não se questionar se houve dolo ou culpa - pois a responsabilidade é objetiva (artigo 14, §1º, da lei 6.938/81) - também eliminam-se as excludentes de responsabilidade: caso fortuito, força maior, fato de terceiro. Exemplos de jurisprudência a respeito:

> *APELAÇÃO CÍVEL - AÇÃO DE INDENIZAÇÃO POR ROMPIMENTO DE POLIDUTO (OLAPA) DERRAMAMENTO DE DERIVADOS DE PETRÓLEO E HIDROCARBONETOS NAS BAÍAS DE PARANAGUÁ E ANTONINA [...]DANO AMBIENTAL RESPONSABILIDADE OBJETIVA TEORIA DO RISCO INTEGRAL - AFASTAMENTO DA OCORRÊNCIA DE CASO FORTUITO OU FATO DE TERCEIRO DEVER DE INDENIZAR PRESENTE [...] RECURSO DE APELAÇÃO PARCIALMENTE CONHECIDO E, NA PARTE CONHECIDA, DESPROVIDO.*
> *(Dados Gerais - Processo: 8212195 PR 821219-5 (Acórdão) Relator(a): José Augusto Gomes Aniceto Julgamento:m02/02/2012 Órgão Julgador: 9ª Câmara*

Cível   *TJPR)*

DIREITO AMBIENTAL - APELAÇÃO - AÇÃO CIVIL PÚBLICA - DANO AMBIENTAL - MORTE DE PÁSSAROS - INDENIZAÇÃO - FIXAÇÃO DO QUANTUM - APLICAÇÃO DOS PARÂMETROS DO ARTIGO 6° DA LEI 9605/98.

<u>A responsabilidade civil por dano ambiental é objetiva, nos termos do artigo 14 da Lei 6.938/1981, não se inquirindo, portanto, de culpa ou dolo do infrator, restando afastada também a incidência das excludentes relativas à força maior e ao caso fortuito, partindo-se do pressuposto de que, sendo o dano ambiental um prejuízo suportado por toda a coletividade, que atinge, assim, direitos difusos, deve ser reparado em qualquer hipótese.</u> *A aplicação do princípio do poluidor-pagador vigente no Direito Ambiental, pelo qual todo aquele que explora atividade potencialmente poluidora tem o dever de reparar os danos dela oriundos, afasta a licitude da conduta daquele que, com sua atividade econômica, causa dano ao meio ambiente, ainda que tenha agido dentro dos padrões recomendados e autorizados pelos órgãos governamentais competentes. Configura manifesto dano ambiental a morte de inúmeros pássaros em virtude de aplicação de agrotóxico em lavoura de arroz. A fixação do quantum indenizatório em sede de dano ambiental, quando não quantificado em laudo pericial, deve ser efetuada mediante aplicação dos critérios adotados pela Lei 9605/98 para a imposição e gradação de penalidades a atividades lesivas ao meio ambiente, quais sejam, a gravidade do fato, tendo em vista os motivos da infração e suas consequências para a saúde pública e para o meio ambiente, os antecedentes do infrator quanto ao cumprimento da legislação de interesse ambiental e a situação econômica do infrator.(Processo TJMG 107080300509810011 MG 1.0708.03.005098-1/001(1) Relator(a): DÍDIMO*

INOCÊNCIO DE PAULA Julgamento: 19/06/2008
Publicação: 22/07/2008).

NÃO HÁ NENHUM LOCAL DA LEI PROPONDO A APLICAÇÃO DA TEORIA DO RISCO INTEGRAL, ELA É UMA OPÇÃO EMINENTEMENTE JURISPRUDENCIAL, RESULTANTE DE UMA INTERPRETAÇÃO ABRANGENTE DO ARTIGO 14, §1º, DA LEI 6.938/81

Direito Privado

Direito Civil

1. Em quais hipóteses a mulher assume a chefia da sociedade conjugal?

Na família monoparental (226, §4º, da CF), ou seja, aquela composta apenas pela mulher e seus descendentes, ou naquelas famílias em que o marido seja incapaz.

2. Ainda se entende que o homem é chefe da família?

Não. Tal como presente no artigo 226, §5º, da CF:

> *226, § 5º - Os direitos e deveres referentes à sociedade conjugal são exercidos igualmente pelo homem e pela mulher.*

3. Quais bens não se comunicam no casamento?

Não se comunicam em nenhum regime de bens aqueles que não são partilhados na comunhão universal. São eles:

> *Art. 1.668. São excluídos da comunhão:*
> *I - os bens doados ou herdados com a cláusula de incomunicabilidade e os sub-rogados em seu lugar;*
> *II - os bens gravados de fideicomisso e o direito do herdeiro fideicomissário, antes de realizada a condição suspensiva;*
> *III - as dívidas anteriores ao casamento, salvo se provierem de despesas com seus aprestos, ou reverterem em proveito comum;*
> *IV - as doações antenupciais feitas por um dos cônjuges ao outro com a cláusula de incomunicabilidade;*
> *V - Os bens referidos nos incisos V a VII do art. 1.659.*
>
> *Art. 1.659. Excluem-se da comunhão:*

[...]
V - os bens de uso pessoal, os livros e instrumentos de profissão;
VI - os proventos do trabalho pessoal de cada cônjuge;
VII - as pensões, meios-soldos, montepios e outras rendas semelhantes.

4. O que significa compromisso esponsalício?

Assim definem Regina Beatriz Tavares da Silva/Washington de Barros Monteiro, Curso de Direito Civil, 39ª ed., p. 86:

"Os esponsais são popularmente denominados <u>noivado</u> e podem ser definidos como a promessa recíproca que uma mulher fazem de se casar em determinado prazo."

Compromisso esponsalício e esponsais são sinônimos.

5. Que se entende por poder doméstico na constância do casamento? Quem é detentor desse poder?

Poder doméstico é a expressão do Código Civil de 1916 equivalente ao <u>poder familiar</u> do atual Código Civil, ou seja, o poder-dever dos pais de zelar pelos seus filhos. Ele é exercido por ambos os pais (artigo 1.631, CC), previsão condizente com o princípio da igualdade. As hipóteses de aplicação do Poder Familiar estão presentes:

No Código Civil:

> *Art. 1.634. Compete aos pais, quanto à pessoa dos filhos menores:*
> *I - dirigir-lhes a criação e educação;*
> *II - tê-los em sua companhia e guarda;*
> *III - conceder-lhes ou negar-lhes consentimento para casarem;*
> *IV - nomear-lhes tutor por testamento ou documento autêntico, se o outro dos pais não lhe*

sobreviver, ou o sobrevivo não puder exercer o poder familiar;

V - representá-los, até aos dezesseis anos, nos atos da vida civil, e assisti-los, após essa idade, nos atos em que forem partes, suprindo-lhes o consentimento;

VI - reclamá-los de quem ilegalmente os detenha;

VII - exigir que lhes prestem obediência, respeito e os serviços próprios de sua idade e condição.

No ECA:

Art. 22. Aos pais incumbe o dever de sustento, guarda e educação dos filhos menores, cabendo-lhes ainda, no interesse destes, a obrigação de cumprir e fazer cumprir as determinações judiciais.

Na Constituição Federal:

Art. 227. É dever da família, da sociedade e do Estado assegurar à criança, ao adolescente e ao jovem, com absoluta prioridade, o direito à vida, à saúde, à alimentação, à educação, ao lazer, à profissionalização, à cultura, à dignidade, ao respeito, à liberdade e à convivência familiar e comunitária, além de colocá-los a salvo de toda forma de negligência, discriminação, exploração, violência, crueldade e opressão.

Art. 229. Os pais têm o dever de assistir, criar e educar os filhos menores, e os filhos maiores têm o dever de ajudar e amparar os pais na velhice, carência ou enfermidade.

6. Quais os efeitos jurídicos do casamento?

Eis uma enumeração sucinta dos efeitos citados citados por Regina Beatriz Tavares da Silva, em atualização da 39ª ed. do Curso de Direito Civil de Washington de Barros Monteiro:

• Tornam-se igualmente responsáveis pelos encargos familiares (1.565, caput, CC);

• Fidelidade recíproca (1566, I, CC);

• Vida em comum, no domicílio conjugal (1.566, II);

• Mútua assistência (1.563, III);

• Sustento, guarda e educação dos filhos (1.566, IV,);

• Respeito e consideração mútuos (1.566, V);

• Possibilidade de se recorrer ao judiciário para solucionar contendas (1.567, par. único);

• Necessidade de outorga conjugal para os casos do artigo (1.647, CC);

• Não corre a prescrição entre os cônjuges na constância da sociedade conjugal (197, CC).

7. O casamento pelo regime da comunhão universal de bens é ou não forma de aquisição da propriedade?

Sim. Afirma o artigo 1.727, do Código Civil:

> *Art. 1.227. Os direitos reais sobre imóveis constituídos, ou transmitidos por atos entre vivos, só se adquirem com o registro no Cartório de Registro de Imóveis dos referidos títulos (arts. 1.245 a 1.247), salvo os casos expressos neste Código.*

Ora, ao tratar da comunhão universal em artigo anterior, afirma o Código:

> *Art. 1.667. O regime de comunhão universal importa a comunicação de todos os bens presentes e futuros dos cônjuges e suas dívidas passivas, com as exceções do artigo seguinte.*

Se os bens adquiridos anteriormente ao casamento e ainda presentes na propriedade de um dos cônjuges se comunicam ao outro, certamente é esse regime (comunhão universal de bens) uma forma de aquisição da propriedade.

8. O casamento se dissolve pela morte ficta do ausente?

Sim, tal como disposto no artigo 1.571, do Código Civil.

> *Art. 1.571. A sociedade conjugal termina:*
> *I - pela morte de um dos cônjuges;*
> *II - pela nulidade ou anulação do casamento;*
> *III - pela separação judicial;*
> *IV - pelo divórcio.*
> *§ 1° O casamento válido só se dissolve pela morte de um dos cônjuges ou pelo divórcio, <u>aplicando-se a presunção estabelecida neste Código quanto ao ausente.</u>*

9. Perante quem se obtém a habilitação para o casamento? Quais os documentos necessários?

Em completa explicação, à página 113 do seu livro *Direito Civil - Famílias*, 4ª ed., Paulo Lôbo apresenta a melhor resposta:

> *"A habilitação é a primeira fase do casamento e deve ser promovida perante o oficial de registro civil de residência de ambos os nubentes ou de um deles. O requerimento pode ser firmado por procurador de um ou de ambos os nubentes. A habilitação é composta do <u>requerimento, da juntada de documentos, da publicidade, do parecer do Ministério Público e do certificado respectivo de aptidão para celebração do casamento.</u> Em boa hora, a Lei n. 12.133, de 12 de dezembro de 2009, que deu nova redação ao art. 1.526 do Código Civil, suprimiu a exigência, que este tinha introduzido, de homologação da habilitação pelo juiz, o que a tornava desnecessariamente burocratizada e judicializada. A habilitação apenas será submetida ao juiz se o membro do Ministério Público, ou o oficial ou o terceiro impugná-la.*
> *Para os nubentes maiores de 18 anos são necessárias <u>a certidão do nascimento ou registro geral (documento de identidade), a declaração de duas testemunhas de que não existem impedimentos para se casarem e a declaração dos*

próprios nubentes sobre seus estados civis, domicílio e residência, além de seus pais se forem vivos e conhecidos. Essas testemunhas, todas maiores e capazes, podem ser parentes dos nubentes, pois se presume que seriam os primeiros interessados na regularidade do casamento, abrindo exceção à regra geral que torna suspeitos como testemunhas os parentes até terceiro grau colateral (tios e sobrinhos), inclusive por afinidade (art. 228 do Código Civil). Os nubentes podem, facultativamente, <u>juntar a escritura de pacto antenupcial realizada em cartório de notário na qual resolveram escolher regime matrimonial de bens distinto do legal supletivo</u> (comunhão parcial).

Se os nubentes forem menores, mas em idade núbil (entre 16 e 18 anos), deverão juntar, também, <u>autorização por escrito dos pais, ou do tutor.</u>

Se a autorização tiver sido injustamente recusada, poderá o juiz supri-la. Os pais exercem conjuntamente o poder familiar; assim, ainda que estejam separados judicialmente, com a guarda atribuída apenas a um deles, ambos devem autorizar e não apenas o guardião.

Se o nubente for viúvo, divorciado ou tiver tido o casamento anterior anulado, deverá juntar respectivamente a <u>certidão de óbito do cônjuge falecido, a sentença do divórcio ou a sentença de nulidade ou anulação do casamento, ambas com a prova de que transitaram em julgado."</u>

10. Tio e sobrinha podem se casar?

Sim. Disposição a respeito se encontra no decreto 3.200/41, e na lei n. 5.891/73, não revogados pelo Código Civil em razão do critério da *Lex Specialis*. Eis a disposições a respeito presentes no decreto 3.200/41, cuja leitura atenta se faz necessária devido ao seu alto nível de incidência em concursos públicos:

Art. 1º O casamento de colaterais, legítimos ou ilegítimos do terceiro grau, é permitido nos termos do presente decreto-lei.

Art. 2º Os colaterais do terceiro grau, que pretendam casar-se, ou seus representantes legais, se forem menores, requererão ao juiz competente para a habilitação que nomeie dois médicos de reconhecida capacidade, isentos de suspensão, para examiná-los e atestar-lhes a sanidade, afirmando não haver inconveniente, sob o ponto de vista da sanidade, afirmando não haver inconveniente, sob o ponto de vista da saúde de qualquer deles e da prole, na realização do matrimônio. (Vide Lei nº 5.891, de 1973)

§ 1º Se os dois médicos divergirem quanto a conveniência do matrimônio, poderão os nubentes, conjuntamente, requerer ao juiz que nomeie terceiro, como desempatador.

§ 2º Sempre que, a critério do juiz, não for possível a nomeação de dois médicos idôneos, poderá ele incumbir do exame um só médico, cujo parecer será conclusivo.

§ 3º O exame médico será feito extrajudicialmente, sem qualquer formalidade, mediante simples apresentação do requerimento despachado pelo juiz.

§ 4º Poderá o exame médico concluir não apenas pela declaração da possibilidade ou da irrestrita inconveniência do casamento, mas ainda pelo reconhecimento de sua viabilidade em época ulterior, uma vez feito, por um dos nubentes ou por ambos, o necessário tratamento de saúde. Nesta última hipótese, provando a realização do tratamento, poderão os interessados pedir ao juiz que determine novo exame médico, na forma do presente artigo.

§ 5º (Revogado pela Lei nº 5.891, de 1973)

§ 6º O atestado, constante de um só ou mais instrumentos, será entregue aos interessados, não

podendo qualquer deles divulgar o que se refira ao outro, sob as penas do art. 153 do Código Penal.

§ 7º Quando o atestado dos dois médicos, havendo ou não desempatador, ou do único médico, no caso do par. 2º deste artigo, afirmar a inexistência de motivo que desaconselhe o matrimônio, poderão os interessados promover o processo de habilitação, apresentando, com o requerimento inicial, a prova de sanidade, devidamente autenticada. Se o atestado declarar a inconveniência do casamento, prevalecerá, em toda a plenitude, o impedimento matrimonial.

§ 8º Sempre que na localidade não se encontrar médico, que possa ser nomeado, o juiz designará profissional de localidade próxima, a que irão os nubentes.

Art. 3º Se algum dos nubentes, para frustrar os efeitos do exame médico desfavorável, pretender habilitar-se, ou habilitar-se para casamento, perante outro juiz, incorrerá na pena do art. 237 do Código Penal.

E a lei 5.891/73 afirma:

Art . 1º No processo preliminar para habilitação do casamento de colaterais de terceiro grau, quando não se conformarem com o laudo médico, poderão os nubentes requerer novo exame, que o juiz determinará, com observância do disposto no art. 2º, do Decreto-lei nº 3.200, de 19 de abril de 1941, caso reconheça procedentes as alegações ou hajam os nubentes juntado ao pedido atestado divergente firmado por outro médico.

11. Como se realiza o casamento *in extremis*? Que autoridade o realiza?

O casamento in extremis, ou nuncupativo, não é celebrado por nenhuma autoridade, pois a razão de ser de sua existência é justamente por não poder ela estar presente ao ato. É realizado pelos próprios nubentes, na presença de 6 testemunhas, tal como disposto no artigo 1.540, do Código Civil:

> *Art. 1.540. Quando algum dos contraentes estiver em iminente risco de vida,   não obtendo a presença da autoridade à qual incumba presidir o ato, nem a de seu substituto, poderá o casamento ser celebrado na presença de seis testemunhas, que com os nubentes não tenham parentesco em linha reta, ou, na colateral, até segundo grau.*

12. O casamento religioso tem efeito no Brasil?

Sim, tal como disposto no artigo 1.515, do Código Civil.

> *Art. 1.515. O casamento religioso, que atender às exigências da lei para a validade do casamento civil, equipara-se a este, desde que registrado no registro próprio, produzindo efeitos a partir da data de sua celebração.*

13. As testemunhas do casamento nuncupativo podem ser parentes em linha reta?

Não, tal como disposto no artigo 1.540 do Código Civil.

> *Art. 1.540. Quando algum dos contraentes estiver em iminente risco de vida,   não obtendo a presença da autoridade à qual incumba presidir o ato, nem a de seu substituto, poderá o casamento ser celebrado na presença de seis testemunhas, que com os nubentes não tenham parentesco em linha reta, ou, na colateral, até segundo grau.*

14. O que diferencia o casamento nuncupativo do putativo?

Tudo. Paulo Lôbo, em seu livro Direito Civil - Famílias, 4ª ed., p. 134, define casamento putativo como:

> "Considera-se casamento putativo (do latim puto, putare: pensar) o que foi constituído com infringência dos impedimentos matrimoniais, portanto nulo, ou das causas suspensivas, portanto anulável, quando um ou ambos os cônjuges desconheciam o fato obstativo. O cônjuge está de boa-fé pelo simples fato de crer na plena validade do casamento. A boa-fé, que deve estar presente na celebração, é sempre presumida, devendo ser apreciada em concreto pelo juiz. A boa-fé subjetiva assume relevância para permitir a permanência dos efeitos do casamento declarado nulo ou anulável. A boa-fé purifica a invalidade, admitindo efeitos apesar desta. A putatividade cessa quando o juiz, convencido do fato obstativo, decreta a invalidade do casamento."

À página 119 do mesmo livro, o autor apresenta a definição de casamento nuncupativo:

> O casamento nuncupativo, pois, é o que se realiza sem as formalidades legais da habilitação e da presença e declaração do celebrante, quando um dos nubentes está em iminente perigo de vida. São hipóteses dessa espécie de casamento as situações de guerra, de conflitos armados, de calamidades naturais, quando não se pode contar com a presença da autoridade competente. A celebração será feita diretamente pelos nubentes que manifestarão sua vontade em se casar, perante seis testemunhas. Essas testemunhas não poderão ter relação de parentesco com os nubentes, em linha reta ou até o segundo grau (irmãos).

Vê-se, assim, que a água está para o fogo assim como o casamento putativo está para o nuncupativo.

15. Quais as hipóteses de casamento nuncupativo?

A hipótese encontra-se no artigo 1.540 e 1.541, do Código Civil, ou seja, quando um dos cônjuges encontra-se in articulo mortis ou in extremis.

Art. 1.540. Quando algum dos contraentes estiver em iminente risco de vida, não obtendo a presença da autoridade à qual incumba presidir o ato, nem a de seu substituto, poderá o casamento ser celebrado na presença de seis testemunhas, que com os nubentes não tenham parentesco em linha reta, ou, na colateral, até segundo grau.

Art. 1.541. Realizado o casamento, devem as testemunhas comparecer perante a autoridade judicial mais próxima, dentro em dez dias, pedindo que lhes tome por termo a declaração de:
I - que foram convocadas por parte do enfermo;
II - que este parecia em perigo de vida, mas em seu juízo;
III - que, em sua presença, declararam os contraentes, livre e espontaneamente, receber-se por marido e mulher.
§ 1º Autuado o pedido e tomadas as declarações, o juiz procederá às diligências necessárias para verificar se os contraentes podiam ter-se habilitado, na forma ordinária, ouvidos os interessados que o requererem, dentro em quinze dias.
§ 2º Verificada a idoneidade dos cônjuges para o casamento, assim o decidirá a autoridade competente, com recurso voluntário às partes.
§ 3º Se da decisão não se tiver recorrido, ou se ela passar em julgado, apesar dos recursos interpostos, o juiz mandará registrá-la no livro do Registro dos Casamentos.
§ 4º O assento assim lavrado retrotrairá os efeitos do casamento, quanto ao estado dos cônjuges, à data da celebração.

§ 5º Serão dispensadas as formalidades deste e do artigo antecedente, se o enfermo convalescer e puder ratificar o casamento na presença da autoridade competente e do oficial do registro.

16. Quais bens se comunicam no regime da comunhão parcial de bens?

A resposta se encontra na letra da lei. É necessário lê-la com atenção.

Art. 1.658. No regime de comunhão parcial, comunicam-se os bens que sobrevierem ao casal, na constância do casamento, com as exceções dos artigos seguintes.

Art. 1.659. Excluem-se da comunhão

I - os bens que cada cônjuge possuir ao casar, e os que lhe sobrevierem, na constância do casamento, por doação ou sucessão, e os sub-rogados em seu lugar;

II - os bens adquiridos com valores exclusivamente pertencentes a um dos cônjuges em sub-rogação dos bens particulares;

III - as obrigações anteriores ao casamento;

IV - as obrigações provenientes de atos ilícitos, salvo reversão em proveito do casal;

V - os bens de uso pessoal, os livros e instrumentos de profissão;

VI - os proventos do trabalho pessoal de cada cônjuge;

VII - as pensões, meios-soldos, montepios e outras rendas semelhantes.

Art. 1.660. Entram na comunhão:

I - os bens adquiridos na constância do casamento por título oneroso, ainda que só em nome de um dos cônjuges;

II - os bens adquiridos por fato eventual, com ou sem o concurso de trabalho ou despesa anterior;

III - os bens adquiridos por doação, herança ou legado, em favor de ambos os cônjuges;
IV - as benfeitorias em bens particulares de cada cônjuge;
V - os frutos dos bens comuns, ou dos particulares de cada cônjuge, percebidos na constância do casamento, ou pendentes ao tempo de cessar a comunhão.

17. É comunicável o bem adquirido após a separação de fato, quando o regime é o da comunhão parcial?

Não. O mesmo vale para a comunhão universal, tal como já decidido por extensa jurisprudência de Tribunais locais e do STJ.

18. O salário da mulher casada é comunicável?

Sim. O salário não se inclui no artigo 1.659, VII, do CC, a saber:

Art. 1.659. Excluem-se da comunhão:
VII - as pensões, meios-soldos, montepios e outras rendas semelhantes. Ele não se comunica, entretanto, antes do recebimento. Não há, assim, a possibilidade de se discutir a propriedade do salário antes de seu recebimento, pois personalíssimo. Após a incorporação do salário ao patrimônio, entretanto, é possível a discussão, sendo, então, comunicável.

19.Quem não pode se casar?

Três tipos de pessoas não podem se casar: (1) aqueles que temporariamente não podem se casar, (2) os impedidos totalmente de se casar e (3) quem ainda não possui idade para tanto.

O Código Civil de 2002 trata como impedimentos somente aqueles que acarretam a nulidade do casamento, regulados nos artigos 1521, I a VII e 1548, II:

Art. 1.521. Não podem casar:
I - os ascendentes com os descendentes, seja o parentesco natural ou civil;
II - os afins em linha reta;
III - o adotante com quem foi cônjuge do adotado e o adotado com quem o foi do adotante;
IV - os irmãos, unilaterais ou bilaterais, e demais colaterais, até o terceiro grau inclusive;
V - o adotado com o filho do adotante;
VI - as pessoas casadas;
VII - o cônjuge sobrevivente com o condenado por homicídio ou tentativa de homicídio contra o seu consorte.

Art. 1.548. É nulo o casamento contraído:
I – (revogado)
II – por infringência de impedimento.

A idade nupcial, necessária para poder se casar, é regulada no capítulo concernente à capacidade para o casamento artigos 1.517 a 1.520 e 1.550, I e II, do CC:

Art. 1.517. O homem e a mulher <u>com dezesseis anos</u> podem casar, exigindo- se autorização de ambos os pais, ou de seus representantes legais, enquanto não atingida a maioridade civil.
Parágrafo único. Se houver divergência entre os pais, aplica-se o disposto no parágrafo único do art. 1.631.
Art. 1.518. Até à celebração do casamento podem os pais, tutores ou curadores revogar a autorização.
Art. 1.519. A denegação do consentimento, quando injusta, pode ser suprida pelo juiz.
Art. 1.520. Excepcionalmente, será permitido o casamento de quem ainda não alcançou a idade núbil (art. 1517), para evitar imposição ou cumprimento de pena criminal ou em caso de gravidez.

Os impedimentos proibitivos são tratados como causas suspensivas do casamento, regulados nos artigos 1523, I a IV, 1.524 e 1641, I:

Art. 1.523. Não devem casar:
I - o viúvo ou a viúva que tiver filho do cônjuge falecido, enquanto não fizer   inventário dos bens do casal e der partilha aos herdeiros;
II - a viúva, ou a mulher cujo casamento se desfez por ser nulo ou ter sido anulado, até dez meses depois do começo da viuvez, ou da dissolução da sociedade conjugal;
III - o divorciado, enquanto não houver sido homologada ou decidida a
partilha dos bens do casal;
IV - o tutor ou o curador e os seus descendentes, ascendentes, irmãos, cunhados ou sobrinhos, com a pessoa tutelada ou curatelada, enquanto não cessar a tutela ou curatela, e não estiverem saldadas as respectivas contas.
Parágrafo único. É permitido aos nubentes solicitar ao juiz que não lhes sejam aplicadas as causas suspensivas previstas nos incisos I, III e IV deste artigo, provando-se a inexistência de prejuízo, respectivamente, para o herdeiro, para o ex-cônjuge e para a pessoa tutelada ou curatelada; no caso do inciso II, a nubente deverá provar nascimento de filho, ou inexistência de gravidez, na fluência do prazo.
Art. 1.524. As causas suspensivas da celebração do casamento podem ser arguidas pelos parentes em linha reta de um dos nubentes, sejam consanguíneos ou afins, e pelos colaterais em segundo grau, sejam também   consanguíneos   ou   afins.

Art. 1.641. É obrigatório o regime da separação de bens no casamento:
I - das pessoas que o contraírem com inobservância das causas suspensivas da celebração do casamento.

20. Quais as características dos regimes de bens?

Os regimes de bens são iluminados por dois princípios: o da autonomia e o da mutabilidade. O princípio da autonomia, visto na questão anterior, permite aos cônjuges a escolha do regime de bens desejado, bem como a criação de um regime inédito. Já o princípio da mutabilidade, previsto no artigo 1.639, §2°, do Código Civil, possibilita aos cônjuges, mediante autorização judicial, a alteração de seu regime de bens.

Entre os elementos comuns a qualquer regime de bens, citados por Paulo Lôbo em seu livro Direito Civil - Famílias, p. 328ss., 4ª edição, se encontram:

• Atos de disposição e alienação de bens inerentes à profissão do cônjuge não precisam de outorga conjugal;

• Atos de gestão de bens particulares que não integram a comunhão;

• A alienação ou gravame de quaisquer bens imóveis, ao contrário, sempre pedem outorga uxória, em qualquer regime de bens, inclusive o da separação;

• Possibilidade de o cônjuge pleitear a anulação de atos que pediam a outorga uxória, mas concluíram-se sem ela;

• Possibilidade de um cônjuge entrar com ação contra a transferência de bens móveis ou imóveis À concubina(o) do outro cônjuge;

• Presunção de autorização pelo outro cônjuge para os negócios necessários à manutenção da vida doméstica.

21. Quais são os possíveis regimes de bens, no direito brasileiro?

Além da previsão dos regimes da (1) comunhão universal, da (2) comunhão parcial, da (3) separação de bens (obrigatória ou não) e (4) da participação final nos aquestos, podem os cônjuges fazerem um regime misto, com cláusulas compatíveis de dois regimes, ou criarem seu próprio regime. Segundo Regina Beatriz

Tavares/Washington de Barros Monteiro, à página 213, volume 2, do Curso de Direito Civil (39ª ed.):

> *"Nessa matéria, insista-se, movimentam-se as partes com a maior liberdade, discricionariamente mesmo. Gozam elas de ampla autonomia, dispondo, como lhes convenha, a respeito de suas mútuas relações econômicas. Mais adequadamente do que a própria lei, regulará cada casal, soberanamente, os próprios interesses, elegendo o regime patrimonial que mais lhes convenha."*

E ainda, segundo Paulo Lôbo, em Direito Civil - Famílias, 4ª edição:

> *"A liberdade de estruturação do regime de bens, para os nubentes, é total. Não impôs a lei a contenção da escolha apenas a um dos tipos previstos. Podem fundir tipos, com elementos ou partes de cada um; podem modificar ou repelir normas dispositivas de determinado tipo escolhido, restringindo ou ampliando seus efeitos; podem até criar outro regime não previsto na lei, desde que não constitua expropriação disfarçada de bens por um contra outro, ou ameaça a crédito de terceiro, ou fraude à lei, ou contrariedade aos bons costumes. As regras gerais aplicáveis a quaisquer regimes, previstas nos arts. 1.639 a 1.657 do Código Civil, não podem ser derrogadas pelos nubentes. Se, na escritura, constar apenas o tipo escolhido, este será integralmente aplicado, na forma do que prevê o Código."*

22. O cônjuge pode comprar mercadorias a crédito sem outorga uxória?

Segundo o artigo 1.647, do Código Civil, as hipóteses taxativas em que a outorga uxória faz-se necessária são:

> *Art. 1.647. Ressalvado o disposto no art. 1.648, nenhum dos cônjuges pode, sem autorização do outro, exceto no regime da separação absoluta:*

A PERGUNTA É SIMPLES, JÁ QUE O CANDIDATO APROVADO ATÉ A TERCEIRA FASE GERALMENTE CONSEGUE DECLINAR AS HIPÓTESES DE OUTORGA UXÓRIA DE MEMÓRIA. MAS, DIANTE DE UMA PERGUNTA SIMPLES, PODE ACABAR ACHANDO QUE HÁ UMA PEGADINHA ONDE NÃO HÁ. RESPIRE FUNDO, CONFIE EM VOCÊ MESMO E RESPONDA AQUILO QUE SEMPRE SOUBE.

I - alienar ou gravar de ônus real os bens imóveis;
II - pleitear, como autor ou réu, acerca desses bens ou direitos;
III - prestar fiança ou aval;
IV - fazer doação, não sendo remuneratória, de bens comuns, ou dos que possam integrar futura meação.
Parágrafo único. São válidas as doações nupciais feitas aos filhos quando casarem ou estabelecerem economia   separada.

Conclui-se que a <u>compra e venda a prazo é permitida pelo Código, ainda que não haja outorga uxória, mas apenas se não for de bens imóveis.</u>

23. Como equacionar o segredo de justiça e a escritura pública?

Divórcios consensuais e inventários, quando envolvam menores ou incapazes, e ainda, no caso da última hipótese, havendo testamento, não podem ser feitos por escritura pública. A intenção da lei foi justamente resguardar os interesses desses menores ou incapazes pelo segredo de justiça, bem como evitar constrangimentos resultantes de determinadas cláusulas que podem estar presentes em um testamento (como a de inalienabilidade, ou de deserção, necessariamente justificadas), que teriam ainda mais publicidade se o inventário fosse feito em cartório.

24. Quais são os deveres conjugais?

Segundo a letra do Código Civil:

> *Art. 1.566. São deveres de ambos os cônjuges:*
> *I - fidelidade recíproca;*
> *II - vida em comum, no domicílio conjugal;*
> *III - mútua assistência;*
> *IV - sustento, guarda e educação dos filhos;*
> *V - respeito e consideração mútuos.*

25. Quais as grandes inovações trazida pela Constituição Federal de 1988 no tocante ao Direito de Família?

As inovações trazidas pela CF de 1988 para o Direito de Família foram frutos da constitucionalização do Direito Civil.

Assim, a Constituição de Federal de 1988 prevê:

- a absoluta igualdade entre as pessoas casadas (226, §5º), ao contrário do Código Civil de 1916, que previa o homem como chefe da sociedade conjugal;
- a igualdade entre as famílias, não as classificando em legítimas ou ilegítimas;
- a total isonomia entre filhos;
- a proteção à União Estável;
- a proteção à família monoparental.

Todas essas previsões foram inovações que afastaram ou tornaram incongruentes as previsões do Código Civil de 1916.

26. Qual o conceito de família?

Segundo Regina Beatriz Tavares da Silva, na atualização do Curso de Direito Civil, v.2, de Washington de Barros Monteiro, 39ª edição, à página 3:

> *"Necessário [...] precisar o sentido da palavra família, suscetível, na linguagem jurídica, de diversas significações.*
>
> *Num sentido restrito, o vocábulo abrange tão-somente casal e a prole. Num sentido mais largo, cinge o vocábulo a todas as pessoas ligadas pelo vínculo da consanguinidade, cujo alcance ora é mais dilatado, ora mais circunscrito, segundo o critério de cada legislação.*
>
> *A constituição de 1988 equiparou a família constituída pelo casamento, como base da sociedade e merecedora da especial proteção do Estado, não só a entidade familiar, resultante da união estável entre o homem e a mulher, tendente ao casamento, como também a comunidade formada por qualquer dos pais e seus descendentes (art. 226, §3° e 4°).*
>
> *Por esse motivo, tendo em vista a evolução dos costumes e, por via de consequência, das instituições sociais e jurídicas, nessa designação devem ser incluídas a entidade familiar constituída pelo casamento, pela União Estável e pela comunidade formada por um dos pais e seus descendentes."*

Ou ainda, como concisamente afirma Paulo Lôbo em Direito Civil - Famílias, 4ªa edição, p.30:

> *"A família é sempre socioafetiva, em razão de ser grupo social considerado base da sociedade e unida na convivência afetiva."*

27. Qual é o prazo para se arguir vícios redibitórios no direito civil?

O prazo geral para se arguir vícios redibitórios é de 30 dias para bens móveis e de um ano para bens imóveis. No caso de vícios ocultos, o prazo muda para 180 dias a partir do conhecimento do vício nos bens móveis, e continua sendo de um ano a partir desse conhecimento para os bens imóveis (441ss., CC).

Recorde-se que esses prazos não são iguais no Direito do Consumidor. Veja tabela abaixo para esclarecer as diferenças:

Prazo Direito Civil	Prazo Direito do Consumidor
Art. 441ss: Se aparente, 30 dias para móveis, um ano para imóveis; Se oculto, 180 para móveis, um ano para imóveis, a partir do conhecimento do vício.	Art. 26 CDC (tanto para vícios aparentes e de fácil constatação quanto para vícios ocultos, sendo esse último a partir da constatação do defeito, nos termos do parágrafo 3°, do art. 26): *30 dias bens não-duráveis; *90 dias bens duráveis.

28. Cite três cláusulas que sujeitam o contrato de compra e venda ao implemento de uma condição.

    • A compra e venda <u>a contento</u> torna o contrato <u>dependente da aprovação</u> que o futuro comprador pode dar do bem.

    • A cláusula de <u>retrovenda</u> torna o vendedor <u>obrigado a readquirir</u> o bem em determinado prazo.

    • A compra e venda <u>em consignação</u> - ou contrato estimatório -, na modalidade restituição, também fica sujeito a uma condição. Segundo o artigo 534, do Código Civil, é aquele em que "o consignante entrega bens móveis ao consignatário, que fica autorizado a vendê-los, pagando àquele o preço ajustado, salvo se preferir, no prazo estabelecido, restituir-lhe a coisa consignada." Ou seja, se vender entregará o valor avençado, caso contrário, devolverá a mercadoria.

29. A propriedade obriga?

Sim. O proprietário é obrigado a ser ambientalmente responsável, a respeitar o direito de terceiros (como os de vizinhança ou ainda os direitos de terceiros sobre coisa alheia, como o usufruto e servidão), a pagar tributos e taxas condominiais (bem como outras obrigações *propter rem*), etc..

O proprietário também é obrigado pela função social da propriedade. Por isso diz-se atualmente que "usar, fruir, dispor e reaver" são faculdades dos proprietários, e não mais direitos.

Além das obrigações do proprietário, há a obrigação de se respeitar a propriedade alheia, já que ela possui efeitos erga omnes e, além do mais, a tentativa de turbação pode ser repelida.

30. O que se entende por interpretação declarativa, restritiva e extensiva e ab-rogante da lei civil?

Segundo Tércio Sampaio Ferraz Jr., em seu livro "Introdução ao Estudo do Direito", 4ª ed., p. 296ss.:

> *"Uma interpretação restritiva ocorre toda vez que se limita o sentido da norma, não obstante a amplitude de sua expressão literal. Em geral o intérprete vale-se de considerações teleológicas e axiológicas para fundar o raciocínio. Supõe assim que a mera interpretação especificadora não atinge os objetivos da norma, pois lhe confere uma amplitude que prejudica os interesses, ao invés de protegê-los. Assim, por exemplo, recomenda-se que toda norma que restringir os direitos e garantias fundamentais reconhecidos e estabelecidos constitucionalmente deva ser interpretada restritivamente. O mesmo se diga para as normas excepcionais, devido à sua própria natureza: uma exceção deve sofrer interpretação restritiva."*

Já a interpretação extensiva, para o mesmo autor...

"trata-se de um modo de interpretação que amplia o sentido da norma para além do contido em sua letra. Argumenta-se, não obstante, que desse modo estará respeitada a "ratio legis", pois o legislador (obviamente, o legislador racional) não poderia deixar de prever casos que aparentemente, por uma interpretação meramente especificadora, não seriam alcançados."

A interpretação declarativa, por outro lado, quando da interpretação da lei, redunda o exato sentido que contém suas palavras, não acrescentando ou limitando os casos que não estão inclusos em seu sentido literal, o que resultaria numa interpretação restritiva, respectivamente.

A interpretação ab-rogante, entretanto, leva à não aplicação da norma por considerá-la contrária ao ordenamento jurídico como um todo.

Direito Processual Civil

31. O espólio pode ser parte no Juizado Especial? E o condomínio?

Não podem ser partes nos Juizados Especiais aqueles presentes na relação taxativa do artigo 8°, da lei 9.099:

> *Art. 8° Não poderão ser partes, no processo instituído por esta Lei, o incapaz, o preso, as pessoas jurídicas de direito público, as empresas públicas da União, a massa falida e o insolvente civil.*
>
> *Já quanto ao polo ativo da ação, apenas poderão ser partes, conforme o §1°, do mesmo artigo:*
>
> *§ 1o Somente serão admitidas a propor ação perante o Juizado Especial:*
>
> *I - as pessoas físicas capazes, excluídos os cessionários de direito de pessoas jurídicas;*
>
> *II - as microempresas, assim definidas pela Lei no 9.841, de 5 de outubro de 1999;*
>
> *III - as pessoas jurídicas qualificadas como Organização da Sociedade Civil de Interesse Público, nos termos da Lei no 9.790, de 23 de março de 1999;*
>
> *IV - as sociedades de crédito ao microempreendedor, nos termos do art. 1° da Lei no 10.194, de 14 de fevereiro de 2001.*

Quanto ao inciso I acima citado, é preciso lembrar que ali não se incluem o preso e o insolvente civil.

Conclui-se que o Espólio e o Condomínio podem ser partes no Juizado Especial Cível, desde que como réus.

32. Quem representa a pessoa jurídica estrangeira em juízo?

A pessoa jurídica estrangeira é representada pelo gerente, representante ou administrador de sua filial, agência ou sucursal aberta ou instalada no Brasil (artigo 88, p. único); essa representação não depende de poderes especiais, já que o CPC reconhece o gerente como a pessoa competente para receber citações em nosso país (Humberto Theodoro Júnior, Curso de Direito Processual Civil, p. 93).

Atualização Novo CPC: Artigo 75, X. Não houve modificação.

33. Quem representa processualmente a massa falida?

O síndico representa a massa falida.

34. Quem representa a União, os Estados e seus Municípios em Juízo?

A União é representada pela Advocacia Geral da União, os Estados e os Municípios por seus procuradores concursados. Não possuindo o Município procurador concursado, ele será representado pelo Prefeito, o qual, necessariamente, deverá constituir advogado no Processo.

35. O que se entende por curador especial?

É a pessoa responsável pela proteção dos interesses dos incapazes sem representante legal, ou com representante legal cujos interesses não coincidam com os seus; de réus presos; ou revéis citados por edital (artigo 9º, CPC) em um processo, após a nomeação pelo juiz.

Atualização Novo CPC: Artigo 72. Não houve modificação.

36. O curador é obrigado a recorrer?

Não, apenas de contestar, tendo a liberdade profissional de dispor do recurso (princípio da disponibilidade).

37. Quem exerce a atividade de curador especial?

Qualquer pessoa que o juiz nomear exerce a atividade de curador especial, nomeando geralmente o juiz advogado para que ele não tenha o ônus de contratar um que defenda o curatelado em juízo.

38. Em que casos o juiz nomeia Curador Especial?

Nos casos presentes no artigo 9º, do CPC, e no artigo 10, §2º, da Política Nacional do Idoso (lei 8.842/94).

> *Art. 9º, CPC: O juiz dará curador especial:*
> *I - ao incapaz, se não tiver representante legal, ou se os interesses deste colidirem com os daquele;*
> *II - ao réu preso, bem como ao revel citado por edital ou com hora certa.*
> *Parágrafo único. Nas comarcas onde houver representante judicial de incapazes ou de ausentes, a este competirá a função de curador especial.*
>
> *Lei 8.842/94*
> *Art. 10§ 2º Nos casos de comprovada incapacidade do idoso para gerir seus bens, ser-lhe-á nomeado Curador especial em juízo.*

Na prática, vê-se que o artigo 10, §2º, da lei 8.842/94 é apenas uma especificação do artigo 9, I, do CPC.

Atualização Novo CPC: Artigo 72. Não houve modificação, transcreve-se abaixo:

> *Art. 72. O juiz nomeará curador especial ao:*
>
> *I -- incapaz, se não tiver representante legal ou se os interesses deste colidirem com os daquele, enquanto durar a incapacidade;*

II - réu preso revel, bem como ao réu revel citado por edital ou com hora certa, enquanto não for constituído advogado.

Parágrafo único. A curatela especial será exercida pela Defensoria Pública, nos termos da lei.

39. O Curador responde pelo ônus da sucumbência?

Não, quem responde pelo ônus da sucumbência é a parte representada pelo curador. Nesse sentido a jurisprudência do STJ:

> *RECURSO ESPECIAL. [...] ASSISTÊNCIA JUDICIÁRIA GRATUITA. PRESUNÇAO AFASTADA. DEFENSORIA PÚBLICA. CURADORA ESPECIAL. RECURSO PARCIALMENTE CONHECIDO E, NA EXTENSAO, IMPROVIDO. [...] 5. Equivoca-se, porém, a recorrente ao sustentar a impossibilidade de ser condenada nas custas e honorários, pela circunstância de estar sendo defendida pela Curadoria Especial, pois, na hipótese de citação ficta, não cabe presumir a hipossuficiência da parte. 6. Recurso parcialmente conhecido e, na extensão, improvido.*
> *(REsp 905.313/MG, Rel. Ministro HÉLIO QUAGLIA BARBOSA, QUARTA TURMA, DJ 16/04/2007)*
>
> *CIVIL. ASSISTÊNCIA JUDICIÁRIA GRATUITA. PRESUNÇAO. AFASTADA. DEFENSORIA PÚBLICA. CURADORA ESPECIAL. I. Para a concessão do benefício da assistência judiciária gratuita basta a afirmação da parte que não tem condições de arcar com as custas e demais despesas processuais. II. A necessidade de litigar sob o pálio da justiça gratuita não se presume quando a Defensoria Pública atua como mera curadora especial, face à revelia do devedor. III. Agravo regimental desprovido.*

(AgRg no REsp 846.478/MS , Rel. Ministro ALDIR PASSARINHO JUNIOR, QUARTA TURMA, DJ 26/02/2007)

40. Há necessidade de nomeação de curador à lide no processo de interdição?

De acordo com o artigo 1.179, do Código de Processo Civil:

> *"Quando a interdição for requerida por órgão do Ministério Público, o juiz nomeará ao interditando curador à lide."*

Concorda o artigo 1.770, do Código Civil, que possui disposição similar. Salienta-se, entretanto, que o interditando pode constituir advogado para impugnar o pedido de interdição (1.182, §2º, CPC) o que é feito após o interrogatório preliminar (1.181, CPC).

Atualização Novo CPC: Artigo 752, §2º. Não houve modificação, transcreve-se abaixo:

Art. 752. Dentro do prazo de 15 (quinze) dias contado da entrevista, o interditando poderá impugnar o pedido.
§2ºO interditando poderá constituir advogado, e, caso não o faça, deverá ser nomeado curador especial.

41. Quem representa processualmente o condomínio?

O condomínio é representado pelo síndico.

42. Inventariante dativo tem capacidade para representar o espólio?

O inventariante dativo é nomeado quando nenhum dos herdeiros deseja assumir a responsabilidade de inventariante. Ele apenas representará o espólio havendo a anuência de todos os herdeiros.

Vale a pena recordar que a herança jacente e a herança vacante são representadas por um curador nomeado pelo juiz, ao passo que antes de aberto o inventário, os bens (só há espólio após a abertura da sucessão) são representados pelo "administrador provisório".

43. Como é representado o réu preso?

O réu preso, tal como afirma o artigo 9º do CPC, por curador especial, caso não nomeie advogado próprio.

Atualização Novo CPC: Artigo 72. Não houve modificação.

44. Advogado Dativo significa o mesmo que Curador Especial?

Não. Curador especial é a pessoa que deve zelar pelos interesses dos incapazes, por exemplo, sendo nomeado pelo juiz nas hipóteses previstas no artigo 9º, do Código de Processo Civil (vide questão 194) (artigo 72, do CPC de 2015).

O artigo 10, §2º, da Política Nacional do Idoso (lei 8.842), prevê mais uma hipótese, que poderia ser enquadrada no inciso referente aos incapazes, tal como já mencionado acima.

O curador especial é nomeado exclusivamente para a defesa. Não pode, assim, ajuizar ações, como as ações declaratórias incidentais ou as reconvenções, verdadeiros contra-ataques do mundo processual. Há, entretanto, uma exceção: a apresentação de embargos à execução, o qual apesar de ser uma ação, possui caráter defensivo. Veja a seguir a jurisprudência:

> "A reconvenção, sendo uma ação, deverá ser deduzida em peça autônoma da contestação (CPC 299), sob a forma de petição inicial, ressalvado que não poderá ser interposta por curador especial, eis que não possui legitimidade para exercer direito ativo de ação em nome de réu revel." (Número do processo:

1.0245.03.020319-5/001(1), Numeração Única: 0203195-14.2003.8.13.0245 - TJMG, j. 2005)

Humberto Theodoro Júnior, entretanto, discorda de tal posição, dando ao curador especial a capacidade de também propor reconvenção, pois "a função da curatela especial dá-lhe poderes de representação legal da parte, em tudo que diga respeito ao processo e à lide nela debatida." (Curso de direito Processual Civil, 47ª ed., p. 92).

O curador especial, salienta-se, não precisa ser advogado, caso em que o curador especial deverá contratar um para o exercício de tais funções, e, justamente por tais razões práticas, os juízes geralmente apontam advogados para a realização de tais funções.

Os advogados dativos, por outro lado, são, como o próprio nome diz, sempre advogados. São indicados pelo juiz em processos nos quais a parte não tenha condições de manter um causídico devido a problemas financeiros pelos quais vêm passando. São os advogados pagos pela PAJ (Procuradoria de Assistência Judiciária), em convênio da OAB com a Defensoria Pública.

Conforme diz o artigo 302, p. único, do CPC (Nota de Atualização: artigo 341, do Código de Processo Civil de 2015), ambos podem contestar por negativa geral, o que não significa que o mesmo possa ser feito em sede recursal, tal como entende a jurisprudência:

> *CURADORIA ESPECIAL recorre por negação geral, sem expor as razões e fundamentos de revisão da sentença. Negação geral só admissível em contestação. Inteligência do art. 514 do CPC. Recurso não conhecido. (0409065-29.1999.8.26.0053, TJSP, j. 2011)*

45. Quem é terceiro prejudicado?

Humberto Theodoro Júnior, à página 637 de seu Curso de Direito Processual Civil, v.1, 47ª edição, afirma:

> *"Embora não seja vencido, por não ser parte no processo, o terceiro pode vir a sofrer prejuízo em decorrência da sentença. Isto se dá quando ocorre 'o nexo de interdependência entre o seu interesse de intervir e a relação jurídica submetida à apreciação judicial'."*

O terceiro prejudicado, portanto, é aquele que, em razão de uma relação jurídica com a parte assistida, pode sofrer prejuízo em razão de decisão judicial proveniente de um processo do qual não é parte principal.

46. O recurso de terceiro prejudicado confunde-se com embargos de terceiros?

O recurso de terceiro só possível em caso de terceiros que teriam podido intervir como assistentes, sendo necessária a demonstração da relação jurídica com a parte assistida e como o resultado da causa pode ser-lhe prejudicial. O resultado do recurso, também, só beneficia a parte assistida, e não o terceiro.

Os embargos de terceiro, por outro lado, só podem ser interpostos em certas hipóteses, algumas delas previstas em lei (rol exemplificativo dos artigos 1.046 e 1.047 do CPC; artigo 674ss. do Código de Processo Civil de 2015), mas sempre visando a manutenção ou a restituição dos bens ao terceiro, que visa protegê-los.

47. Que vem a ser recurso de terceiro prejudicado?

Humberto Theodoro Júnior, à página 637 de seu Curso de Direito Processual Civil, v.1, 47ª edição, afirma:

> *"O recurso do terceiro interessado apresenta-se como forma ou modalidade de 'intervenção de terceiros' na fase recursal. Equivale à assistência em todos os efeitos,*

inclusive de competência.

Na lição de Liebman, seguida por nosso Código, 'são legitimados a recorrer apenas os terceiros que teriam podido intervir como assistentes', ou seja, aqueles que mantenham uma relação jurídica com a parte assistida, e que possam sofrer prejuízo em decorrência do resultado adverso da causa (artigos 50 e 499, §1°).

Como interveniente, apenas para coadjuvar a parte assistida, o terceiro que recorre no processo alheio não pode defender direito próprio que exclua o direito dos litigantes. Isto só é possível através da oposição.

O recurso do terceiro, portanto, há de ser com o fito de defender a parte sucumbente tão apenas.

O prazo do terceiro, para recorrer é o mesmo da parte a que ele assiste, muito embora não tenha o assistente, in casu, recebido qualquer intimação da decisão. O dies a quo, portanto, fixa-se ela data da intimação da parte assistida."

48. O curador de ausente pode transigir?

A transação é um dos poderes advocatícios que necessitam de autorização expressa, e, portanto, não possui nenhum deles o curador do ausente.

49. O terceiro prejudicado faz parte da relação processual?

A relação processual possui sujeitos principais e secundários. O juiz, o autor e o réu são os sujeitos principais da relação processual. Todos os demais são sujeitos secundários. É possível, portanto, que o terceiro prejudicado faça parte da relação processual como sujeito secundário.

50. Quais os poderes concedidos ao advogado que dependem de autorização expressa?

Os poderes do advogado que dependem de autorização expressa estão presentes no artigo 38, do CPC:

Art. 38. A procuração geral para o foro, conferida

por instrumento público, ou particular assinado pela parte, habilita o advogado a praticar todos os atos do processo, salvo para receber citação inicial, confessar, reconhecer a procedência do pedido, transigir, desistir, renunciar ao direito sobre que se funda a ação, receber, dar quitação e firmar compromisso.

Atualização Novo CPC: Artigo 105, abaixo transcrito:

Art. 105. A procuração geral para o foro, outorgada por instrumento público ou particular assinado pela parte, habilita o advogado a praticar todos os atos do processo, exceto receber citação, confessar, reconhecer a procedência do pedido, transigir, desistir, renunciar ao direito sobre o qual se funda a ação, receber, dar quitação, firmar compromisso e assinar declaração de hipossuficiência econômica, que devem constar de cláusula específica.

51. Um terceiro totalmente estranho pode ser compelido a participar do processo?

As modalidades de intervenção de terceiros previstas em nosso ordenamento (oposição, denunciação da lide, chamamento ao processo, etc.) exigem alguma relação com a lide. Então participação como parte não é possível ao terceiro totalmente estranho ao processo.

52. O Promotor tem legitimidade para recorrer da quebra de sigilo bancário?

O artigo 499, § 2º, do CPC, estabelece que "o Ministério Público tem legitimidade para recorrer assim no processo em que é parte, como naqueles em que oficiou como fiscal da lei." Portanto, participando o MP de um processo em que ocorreu uma quebra ilegal de sigilo bancário, ainda que legal, mas contrária aos interesses que defende no processo, tem ele plena legitimidade para recorrer dessa decisão.

Atualização Novo CPC: Artigo 179, II, abaixo transcrito:

Art. 179. Nos casos de intervenção como fiscal da ordem jurídica, o Ministério Público:
[...]
II -- poderá produzir provas, requerer as medidas processuais pertinentes e recorrer.

53. O incapaz pode atuar no Juizado Especial?

Não, o incapaz não pode ser parte no processo civil, devendo sempre contar com assistência (artigo 4°, CC) ou representação (artigo 3°, CC). Quanto ao pródigo, a assistência é necessária apenas em se tratando de direitos patrimoniais. O artigo 8°, da lei 9.099, é expresso nesse sentido:

> *Art. 8° Não poderão ser partes, no processo instituído por esta Lei, o incapaz, o preso, as pessoas jurídicas de direito público, as empresas públicas da União, a massa falida e o insolvente civil.*

54. Quais os requisitos para ser advogado?

Segundo o Estatuto da Advocacia (lei 8.906):

> *Art. 8° Para inscrição como advogado é necessário:*
> *I - capacidade civil;*
> *II - diploma ou certidão de graduação em direito, obtido em instituição de ensino oficialmente autorizada e credenciada;*
> *III - título de eleitor e quitação do serviço militar, se brasileiro;*
> *IV - aprovação em Exame de Ordem;*
> *V - não exercer atividade incompatível com a advocacia;*
> *VI - idoneidade moral;*
> *VII - prestar compromisso perante o conselho.*

55. É possível conciliação na ausência do advogado de uma das partes?

Sim, em Juizados Especiais Cíveis, onde as partes possuem jus postulandi. No Código de Processo Civil é notada a presença de audiência de conciliação no procedimento sumário (art. 277), entretanto, na mesma audiência, é possível a ocorrência de atos instrutórios, bem como a apresentação de defesa por uma das partes (art. 288) - atos privativos de advogado -, o que torna a presença do causídico indispensável. Veja o REsp 336848 / DF abaixo:

DIREITO PROCESSUAL CIVIL. RITO SUMÁRIO. COMPARECIMENTO DO RÉU À AUDIÊNCIA DE CONCILIAÇÃO. AUSÊNCIA DE SEU PATRONO. APRESENTAÇÃO DE DEFESA ESCRITA, FIRMADA POR ADVOGADO. IMPOSSIBILIDADE. RÉU REVEL. INTERPRETAÇÃO DOS ARTS. 36, 37, 277, 278 e 319 DO C.P.C. RECURSO IMPROVIDO.

1. Os atos processuais devem ser praticados por advogados devidamente habilitados, sob pena de serem considerados inexistentes, nos termos do parágrafo do art. 37 do Código de Processo Civil. A não apresentação de defesa por advogado acarreta os efeitos do art. 319 do Estatuto Processual Civil.

2. A presença do patrono da parte ré é imprescindível na audiência de conciliação do procedimento sumário, uma vez que neste momento processual será oportunizada a prática de atos defensivos e outros relativos à produção de prova, os quais jamais podem ser realizados pela própria parte, mas, sim, por intermédio de seu causídico.

3. Conquanto o réu tenha comparecido a audiência conciliatória, a defesa em juízo deve ser praticada por defensor regularmente habilitado, circunstância que não se verifica na espécie, motivo pelo qual evidencia-se o acerto do decisum atacado, pois a apresentação de contestação por pessoa sem capacidade

postulatória, ocasiona a inexistência do ato e, por conseguinte, a revelia do réu.
4. Recuso especial a que se nega provimento.

Atualização Novo CPC:

Artigo 339, §9º, abaixo transcrito. Houve mudança substancial no CPC de 2015, não se falando mais em ritos ordinários ou sumários, devendo ser o réu citado não para apenas para se defender, mas para conciliar, antes de tudo.

> *339, § 9º As partes devem estar acompanhadas por seus advogados ou defensores públicos.*

56. Cabem embargos infringentes em sede de Juizados Especiais Cíveis?

Segundo o artigo 2º, da lei 9.099/95:

> *Art. 2º O processo orientar-se-á pelos critérios da oralidade, simplicidade, informalidade, economia processual e celeridade, buscando, sempre que possível, a conciliação ou a transação.*

Por expressa incompatibilidade com esses princípios, e por não haver previsão expressa na mesma lei, não se admite embargos infringentes em JEC.

57. O autor pode pleitear que a Fazenda Pública figure no polo passivo em ação contra o Estado de São Paulo?

O Estado de São Paulo é a pessoa jurídica de direito público que responde pelos atos praticados por seus órgãos ou funcionários. Não é, portanto, possível que um dos seus órgãos figure no polo passivo.

58. Qual a função do advogado no processo?

O advogado é um dos elementos subjetivos dos pressupostos processuais, já que para iniciar uma ação, em regra, a parte precisa ter capacidade postulatória, capacidade essa que o causídico lhe confere. Assim que for regularmente instaurado o processo, o advogado deve atuar com diligência e presteza para garantir os direitos de seu cliente, dentro dos ditames da ética e da boa-fé previstos em lei.

59. Quem são os sujeitos principais e secundários do processo?

Os sujeitos principais são juiz e as partes - autor(es) e réu(s). Os secundários são sujeitos que podem ter direitos perante o processo, mas cuja existência ou inexistência não impede a instauração da relação jurídico-processual. Exemplos:

1) ofendido, quando se habilita como assistente da acusação no processo penal

2) terceiro de boa-fé prejudicado, que pode ingressar com pedido de restituição da coisa apreendida, por exemplo (art. 120, § 2o CPP);

3) Amicus Curiae em ADPF's.

60. Em ação indenizatória por extravio de cheque movida por um cliente, o banco denuncia à lide a Empresa de Correios e Telégrafos. É possível tal denunciação?

Não é possível tal denunciação pois o artigo 3º,§2º, do Código de Defesa do Consumidor, estabelece a aplicação desse Código aos bancos. Como se trata de relação de natureza consumerista, aplica-se o artigo 88 do mesmo Código, que veda a denunciação da lide, cabendo sempre, entretanto, ação regressiva para o Banco.

Para melhor entendimento, veja-se a seguinte ementa:

> *CIVIL E PROCESSUAL. AÇÃO DE INDENIZAÇÃO. DANOS MORAIS. INSCRIÇÃO EM CADASTROS DE DEVEDORES. CHEQUES ROUBADOS DA EMPRESA RESPONSÁVEL PELA ENTREGA DOS TALONÁRIOS.DENUNCIAÇÃO DA LIDE. REJEIÇÃO COM BASE NO ART. 88 DO CDC. VEDAÇÃO RESTRITA A RESPONSABILIDADE DO*

COMERCIANTE (CDC, ART. 13). FATO DO SERVIÇO. AUSÊNCIA DE RESTRIÇÃO COM BASE NA RELAÇÃO CONSUMERISTA. DESCABIMENTO. ABERTURA DE CONTENCIOSO PARALELO.
I. A vedação à denunciação à lide disposta no art. 88 da Lei n. 8.078/1990 restringe-se à responsabilidade do comerciante por fato do produto (art. 13), não alcançando o defeito na prestação de serviços (art. 14).
II. Precedentes do STJ.
III. Impossibilidade, contudo, da denunciação, por pretender o réu inserir discussão jurídica alheia ao direito da autora, cuja relação contratual é direta e exclusiva com a instituição financeira, contratante da transportadora terceirizada, ressalvado o direito de regresso.
IV. Recurso especial não conhecido.(REsp 1024791 / SP)

61. Em ação de ressarcimento de danos por acidente de veículo, tem legitimidade para propor a ação a pessoa que sofre o dano, ainda que o veículo não esteja em seu nome?

A legitimatio ad causam, elemento das condições da ação, refere-se à titularidade de alguém para propor uma ação contra outra pessoa. O usuário do veículo tem essa titularidade, por ser quem sofreu o dano (o veículo é-lhe útil) e em razão da responsabilidade legal do causador do nano, nos termos do Código Civil:

> *Art. 186. Aquele que, por ação ou omissão voluntária, negligência ou imprudência, violar direito e causar dano a outrem, ainda que exclusivamente moral, comete ato ilícito.*

62. Capacidade processual e capacidade postulatória são a mesma coisa?

Ambos os conceitos não se confundem. São partes distintas do conceito de "elementos subjetivos dos pressupostos processuais". A capacidade postulatória refere-se à presença de advogado, quando não houver a admissão do jus postulandi, admitindo-se apenas petições com procurações de advogados\promotores devidamente constituídos.

Já a capacidade processual refere-se à capacidade civil da parte, que só pode participar de um processo se civilmente capaz. Caso contrário pode fazer-se necessária a sua representação, como no caso de um menor em uma ação de alimentos.

63. A verba de sucumbência pertence ao advogado ou à parte?

Na ADI 1.194-4, o STF declarou inconstitucional o artigo 24, §3º, do Estatuto da Advocacia - lei 8.906/94 – que previa ser a verba de sucumbência inalienavelmente pertencente ao advogado. Com isso, os honorários continuaram pertencendo ao advogado, podendo, entretanto, ser convencionado o contrário, ou seja, que eles pertencem à parte.

64. Quem pode ser parte no processo?

Pode ser parte todo aquele que possui titularidade para defender ou pleitear um direito ao contraditório instituído perante o juiz, abarcando esse conceito também o Ministério Público, o terceiro interveniente e o substituto processual.

65. Há possibilidade de se intentar uma ação sem advogado?

Sim. Há possibilidade de se intentar ação sem advogado na Justiça Trabalhista, inclusive na apresentação de recursos à Segunda Instância. É o chamado jus postulandi, presente no artigo 721, da CLT. A Súmula 425, do TST, apresenta claramente as exceções:

> *O jus postulandi das partes, estabelecido no art. 791*
> *da CLT, limita-se às Varas do Trabalho e aos*

Tribunais Regionais do Trabalho, não alcançando a ação rescisória, a ação cautelar, o mandado de segurança e os recursos de competência do Tribunal Superior do Trabalho.

Outro exemplo está presente na lei do JEC:

Art. 9° Nas causas de valor até vinte salários mínimos, as partes comparecerão pessoalmente, podendo ser assistidas por advogado; nas de valor superior, a assistência é obrigatória.

E, por fim, cita-se o remédio Constitucional do Habeas Corpus.

66. Qual a diferença entre legitimidade para a causa e legitimidade para o processo?

A legitimidade para a causa (ou legitimatio ad causam) é condição da ação, traduzindo-se por pertinência subjetiva da ação. Refere-se à titularidade dos interesses em conflito, e não dos interesses pretendidos. Tal diferenciação é necessária, afinal, o Ministério Público pode pleitear direitos difusos e coletivos, por exemplo, sem que seja titular desses direitos.

Já a legitimidade para o processo (legitimatio ad processum) é pressuposto processual subjetivo, refere-se à capacidade civil da parte. Assim, um menor, deve ser representado por seus pais em uma ação, por não ter capacidade civil, e, portanto, não ter legitimatio ad processum.

67. Quais expressões estão proibidas de ser proferidas pelo advogado da parte?

Havendo animus defendendi, nenhuma expressão está proibida de ser proferida por advogados em juízo, não podendo ser consideradas, inclusive, nem injúria ou difamação. Assim garante o Estatuto da Advocacia (lei 8.906/94):

Art. 2° O advogado é indispensável à administração da justiça.
§ 3° No exercício da profissão, o advogado é inviolável por seus atos e manifestações, nos limites desta lei.

Art. 7° São direitos do advogado:
I - exercer, com liberdade, a profissão em todo o território nacional;
§ 2° O advogado tem imunidade profissional, não constituindo injúria e difamação puníveis qualquer manifestação de sua parte, no exercício de sua atividade, em juízo ou fora dele, sem prejuízo das sanções disciplinares perante a OAB, pelos excessos que cometer.

Art. 31, § 2° Nenhum receio de desagradar a magistrado ou a qualquer autoridade, nem de incorrer em impopularidade, deve deter o advogado no exercício da profissão.

Deve-se, entretanto, salientar que os advogados possuem a obrigação de se comportar com deferência e cordialidade na audiência, havendo decisões que não estendem a imunidade do artigo 142, I, do Código Penal ao plano cível. Veja, a seguir, acórdão do STJ, ilustrando a hipótese mencionada:

RECURSO ESPECIAL. DIREITO CIVIL E PROCESSUAL CIVIL. DANO MORAL. INDENIZAÇÃO. ADVOGADO. VIOLAÇÃO AO ART. 535, DO CPC. INOCORRÊNCIA. IMUNIDADE PROFISSIONAL. EXCESSO.

1. A inviolabilidade do advogado não é absoluta, estando adstrita aos limites da legalidade e da razoabilidade.

2. A responsabilidade daquele que escreve um documento e o torna público em um processo, atacando a honra de outrem, é de quem o subscreve, pouco importando se reproduz, ou não, declaração pública do cliente.

2. Os danos morais devem ser compatíveis com a intensidade do sofrimento do recorrente, atentando para as condições sócio-econômicas de ambas as partes.

*Recurso especial provido.(RECURSO ESPECIAL Nº 988.380 - MG (2007/0226345-2), RELATOR: MINISTRO LUIS FELIPE SALOMÃO, RECORRENTE: ANTÔNIO LOPES NETO - **ADVOGADO: HUMBERTO THEODORO JÚNIOR** E OUTRO(S), RECORRIDO : OMAR FURTADO DE OLIVEIRA FILHO, ADVOGADO : SÉRGIO MURILO DINIZ BRAGA E OUTRO(S), j. em 20 de novembro de 2008).*

68. É possível aplicar a sanção por litigância de má fé mais de uma vez no mesmo processo?

O artigo 18, do CPC (Nota: artigo 80 do CPC de 2015), que traz a previsão da sanção à litigância de má-fé, não faz nenhuma restrição ao número de vezes em que a condenação pode se dar. Ela ocorre no decorrer do processo, e, assim, ocorrendo mais de uma vez motivo para aplicá-la, o juiz, fundamentadamente, pode condenar o improbus litigator.

69. Os honorários fixados nos autos pertencem à parte ou ao advogado?

Nos termos do artigo 23, da lei 8.906/94 - Estatuto da Advocacia-, tais honorários pertencem ao advogado:

> *Art. 23. Os honorários incluídos na condenação, por arbitramento ou sucumbência, pertencem ao advogado, tendo este direito autônomo para executar a sentença nesta parte, podendo requerer que o*

precatório, quando necessário, seja expedido em seu favor.

70. Quais os direitos do advogado quanto aos autos?

O artigo 40, do CPC, estabelece os direitos do advogado quanto aos autos:

> *Art. 40. O advogado tem direito de:*
> *I - examinar, em cartório de justiça e secretaria de tribunal, autos de qualquer processo, salvo o disposto no art. 155;*
> *II - requerer, como procurador, vista dos autos de qualquer processo pelo prazo de 5 (cinco) dias;*
> *III - retirar os autos do cartório ou secretaria, pelo prazo legal, sempre que lhe competir falar neles por determinação do juiz, nos casos previstos em lei.*

Questão 71: eliminada na revisão de atualização do Código de Processo Civil de 2015.

72. A procuração precisa, necessariamente, ter firma reconhecida?

O artigo 38, do CPC (nota de atualização: artigo 104, Novo CPC), não faz exigências nesse sentido. Da mesma forma a jurisprudência:

> *"Consoante entendimento assentado na Corte Superior deste STJ, concedida procuração a advogado para utilização tão-somente no âmbito judicial, mostra-se descabida a exigência de reconhecimento de firma do outorgante, seja na hipótese de poderes gerais para o foro, seja quando conferidos poderes especiais" (REsp 247887/PR, rel. Min. Gilson Dipp, j. 11.09.2001, unânime, DJ de 15.10.2001, pág. 280).*

Não se deve confundir, entretanto, a procuração ad judicia com o mandato. Esse precisará ter a firma reconhecida ser assim for requisitado por terceiro, nos termos do artigo 654, §2°, do Código Civil.

73. Como fica a condenação em honorários caso haja vários procuradores?

Conforme o artigo 23, do Código de Processo Civil, caso os procuradores estejam representando diversos autores ou diversos réus, os honorários, nesse caso, serão devidos pelos vencidos em proporção ao interesse que tinham na causa, ou ao que nela foi decidido. Não há solidariedade, salvo se assim expresso na sentença, como em caso de má-fé (artigo 18, §1°, do CPC).

A interpretação de que a questão se refere a condenação em honorários, ou ônus da sucumbência a uma parte com vários procuradores não procede, pois a parte é quem sempre paga o ônus da sucumbência, e não a eventual associação de advogados que a representa. Portanto, a resposta apenas poderia ser no sentido expresso acima.

Atualização Novo CPC: Artigo 87, abaixo transcrito, estabelece de forma muito similar a resposta:

Art. 87. Concorrendo diversos autores ou diversos réus, os vencidos respondem proporcionalmente pelas despesas e pelos honorários.

§ 1° A sentença deverá distribuir entre os litisconsortes, de forma expressa, a responsabilidade proporcional pelo pagamento das verbas previstas no caput.

§ 2° Se a distribuição de que trata o § 1° não for feita, os vencidos responderão solidariamente pelas despesas e pelos honorários.

74. O vencedor da demanda pode vir a ser responsabilizado pelas despesas processuais?

Sim, no caso do artigo 22, do CPC, quando conhecendo motivo impeditivo, modificativo ou extintivo do direito do autor, não o alega na primeira oportunidade que possui para se manifestar no autos.

> *Art. 22. O réu que, por não arguir na sua resposta fato impeditivo, modificativo ou extintivo do direito do autor, dilatar o julgamento da lide, <u>será condenado nas custas a partir do saneamento do processo</u> e perderá, ainda que vencedor na causa, o direito a haver do vencido honorários advocatícios.*

Atualização Novo CPC: Não há artigo equivalente, o que altera totalmente a resposta. Sendo assim, tal atitude se enquadraria na litigância de má-fé, artigo 80, IV, do CPC de 2015; artigo 17, IV, do CPC de 1.973.

75. Caso haja diversos réus e autores, os vencidos respondem solidariamente pelas despesas processuais e honorários advocatícios?

Nos termos do CPC:

> *Art. 23. Concorrendo diversos autores ou diversos réus, os vencidos respondem pelas despesas e honorários em proporção.*

<u>Atualização Novo CPC: artigo 87 é o equivalente, com redação idêntica.</u>

A condenação não é, assim solidária, a não ser que expressamente disposto como *in solidum* na sentença, ou se presente o caso do artigo 18, §1º, do CPC (litigância de má-fé) - Veja REsp 129.045-MG abaixo:

> *PROCESSUAL CIVIL. HONORARIOS ADVOCATICIOS. DESPESAS PROCESSUAIS. LITISCONSORCIO PASSIVO. RESPONSABILIDADE SOLIDARIA. INOCORRENCIA.CRITERIO DA PROPORCIONALIDADE. ART. 23, CPC. LEI 8.009/90.SUM./STJ, ENUNCIADO 7. RECURSO PARCIALMENTE ACOLHIDO. A EXCEÇÃO DO DISPOSTO EXPRESSAMENTE NO ART. 18, PAR.1., CPC, INEXISTE RESPONSABILIDADE SOLIDARIA ENTRE OS LITISCONSORTES VENCIDOS, CONDENADOS AO PAGAMENTO DAS CUSTAS E HONORARIOSADVOCATICIOS. VIGE A REGRA DO ART. 23, CPC, QUE IMPÕE O PRINCIPIO DAPROPORCIONALIDADE E A PRESUNÇÃO LEGAL DA NÃO-SOLIDARIEDADE, NOSTERMOS DO ART. 896 DO CC.*

A proporção é em relação ao "interesse de cada um na causa, ou em relação ao que nela foi decidido" - Veja REsp 281.331-RJ abaixo:

> *PROCESSO CIVIL. HONORÁRIOS ADVOCATÍCIOS. LITISCONSÓRCIO PASSIVO. CRITÉRIO DA PROPORCIONALIDADE. ART. 23, CPC. INOBSERVÂNCIA. COISA JULGADA. MODIFICAÇÃO. IMPOSSIBILIDADE. RECURSO DESACOLHIDO.*
>
> *I - Rege-se o art. 23, CPC pelo princípio da proporcionalidade, ou seja, concorrendo diversos autores ou diversos réus, distribui-se entre os vencidos as despesas e honorários arbitrados na sentença, na proporção do interesse de cada um na*

causa,   ou   do   direito   nela   decidido.

Atualização Novo CPC: os parágrafos do artigo 87 esclarecem atualmente a questão (jurisprudência virou lei), veja abaixo:

Art. 87. Concorrendo diversos autores ou diversos réus, os vencidos respondem proporcionalmente pelas despesas e pelos honorários.

§ 1º A sentença deverá distribuir entre os litisconsortes, de forma expressa, a responsabilidade proporcional pelo pagamento das verbas previstas no caput.

§ 2º Se a distribuição de que trata o § 1º não for feita, os vencidos responderão solidariamente pelas despesas e pelos honorários.

76. Pode o réu, vencedor ao final, perder o direito às custas honorárias e ainda ser condenado às custas a partir do saneamento do processo?

Esclarecedor acórdão apresenta a resposta à pergunta acima:

Argumenta [a ré], em síntese, que é indevida a sua condenação ao pagamento de honorários advocatícios, posto que a apelada deixou de arguir a ilegitimidade ativa ad causam na primeira oportunidade em que se manifestou nos autos, conforme alude o artigo 22 do Código de Processo Civil.

Como bem frisa Humberto Theodoro Júnior, o Estado, desde que chamou para si a responsabilidade de solucionar os conflitos de interesses, não tolera atos que refogem à boa-fé processual, pois, "enquanto as partes defendem interesses privados, o Estado procura um objetivo maior que é o da pacificação social, mediante a justa composição do litígio e prevalência do império da ordem jurídica" (Curso de direito processual civil : teoria geral do direito processual civil e processo de conhecimento. 46 ed. Rio de Janeiro: Forense, 2007. p. 32, v. I).

Dando efetividade a esse princípio, dispõe o citado artigo 22 que "o réu que, por não arguir na sua resposta fato impeditivo, modificativo ou extintivo do direito do autor, dilatar o julgamento da lide, será condenado nas custas a partir do saneamento do processo e perderá, ainda que vencedor na causa, o direito a haver do vencido honorários advocatícios".

Nesse sentido, extrai-se da doutrina de Cândido Rangel Dinamarco:

'No art. 22 comina o Código de Processo Civil duas sanções ao réu que em contestação deixe de arguir fato impeditivo, modificativo ou extintivo do direito do autor. Essa omissão poderá causar demoras ao processo, na medida em que o réu compareça em outro momento com as defesas omitidas. As sanções impostas pelo art. 22 são (a) a condenação do réu pelas custas incidentes a partir do saneamento do processo, ainda quando vencedor na causa e (b) a perda do direito a receber os honorários da sucumbência - sempre na hipótese de vencer (Instituições de direito processual civil . 6 ed. São Paulo: Malheiros, 2009. p. 674-675, v. II).'

A par dessa circunstância, verifica-se que as penalidades têm a sua razão de existir toda vez que o réu, com o emprego de "malícia", retardar o julgamento da lide.

A respeito, é a lição de Humberto Theodoro Júnior: "o direito a ressarcimento por custas e honorários somente tem cabida se o retardamento for malicioso" (Código de processo civil anotado . 11ª ed. Rio de Janeiro: Forense, 2007. p. 36).

Ou, de Theotônio Negrão: "a disposição somente se aplica se tiver havido malícia da parte" (Código de processo civil e legislação processual em vigor . 42 ed. São Paulo: Saraiva, 2010. p. 151).

A malícia é, como se percebe, condição sine qua non para as referidas penalidades, como ocorreu no presente caso, uma vez que a instituição financeira, conquanto já soubesse da cisão da empresa apelante, somente deixou para arguir a ilegitimidade ativa na contestação, o que poderia ter feito antes, na primeira oportunidade em que lhe coube falar nos autos, qual seja, no agravo de instrumento.

(Processo: AC 491350 SC 2010.049135-0 - Relator(a): Fernando Carioni - Julgamento: 21/09/2010 - Órgão Julgador: Terceira Câmara de Direito Civil - Publicação: Apelação Cível n. 2010.049135-0, da Capital - Parte(s):Apelante: ACCR Administração e Participações Ltda - Apelado: Banco Bradesco S/A).

Salienta-se, entretanto, que a condenação nas custas não implica a condenação nas despesas para produção de provas, como as periciais, tal como entendido no acórdão do REsp 611.645, STJ, 1ª Turma, Min. Teori Zavascki.

ADMINISTRATIVO E PROCESSUAL CIVIL. CESSÃO DE TERRAS DA UNIÃO. REINTEGRAÇÃO DE POSSE. AÇÃO DE INDENIZAÇÃO POR BENFEITORIAS. AFIRMAÇÃO DE OCORRÊNCIA DE PRESCRIÇÃO EM ALEGAÇÕES FINAIS. CUSTAS E DESPESAS PROCESSUAIS. DISTINÇÃO. CONDENAÇÃO EM RESSARCIMENTO DE DESPESAS COM PRODUÇÃO DE PROVAS PERICIAIS. APLICAÇÃO DO ARTIGO 22 DO CPC. AMPLIAÇÃO. IMPOSSIBILIDADE.

1. A jurisprudência do STJ se firmou no sentido de que custas não se confundem com despesas processuais, pois estas se referem ao custeio de atos não abrangidos pela atividade cartorial.

126

2. O conceito de custas previsto no art. 22 do CPC não pode ter interpretação ampliativa para abranger as despesas com a produção de provas periciais.
3. Recurso especial a que se dá provimento.

Atualização Novo CPC: Não há artigo equivalente. Sendo assim, tal atitude se enquadraria na litigância de má-fé, artigo 80, IV, do CPC de 2015; artigo 17, IV, do CPC de 1.973.

77. Como deve ser fixada a verba honorária?

Já afirmou o STJ:

> *"Para a existência de verba honorária é necessário existir a sucumbência da parte contrária. Inexistente essa, inexiste aquela." (3º T. - REsp 26.120-3-SP, rel. Min. Claudio Santos, j. 25/10/1993, p. 24.946).*

Sendo assim há uma confluência de conceitos entre sucumbência e verba honorária. Para entendê-la melhor é preciso uma análise do artigo 20, §§, do CPC:

> *Art. 20. A sentença condenará o vencido a pagar ao vencedor as despesas que antecipou e os honorários advocatícios. Esta verba honorária será devida, também, nos casos em que o advogado funcionar em causa própria. (Redação dada pela Lei nº 6.355, de 1976)*
> *§ 1º O juiz, ao decidir qualquer incidente ou recurso, condenará nas despesas o vencido. (Redação dada pela Lei nº 5.925, de 1973)*
> *[...]*
> *§ 3º Os honorários serão fixados entre o mínimo de dez por cento (10%) e o máximo de vinte por cento (20%) sobre o valor da condenação, atendidos: (Redação dada pela Lei nº 5.925, de 1973)*
> *a) o grau de zelo do profissional;*
> *b) o lugar de prestação do serviço;*

c) a natureza e importância da causa, o trabalho realizado pelo advogado e o tempo exigido para o seu serviço.

§ 4o Nas causas de pequeno valor, nas de valor inestimável, naquelas em que não houver condenação ou for vencida a Fazenda Pública, e nas execuções, embargadas ou não, os honorários serão fixados consoante apreciação equitativa do juiz, atendidas as normas das alíneas a, b e c do parágrafo anterior.

Atualização Novo CPC: artigo 85, §2º possui redação idêntica.

Os critério de fixação de verba honorária aí não se esgotam, entretanto. O artigo 652-A, por exemplo, trata da fixação da verba honorária no caso de execução de título extrajudicial, a qual deve ser fixada desde logo:

> *Art. 652-A. Ao despachar a inicial, o juiz fixará, de plano, os honorários de advogado a serem pagos pelo executado (art. 20, § 4º).*
> *Parágrafo único. No caso de integral pagamento no prazo de 3 (três) dias, a verba honorária será reduzida pela metade.*

Atualização Novo CPC: Artigo 827 é equivalente, fixando, entretanto, que os honorários serão fixados à razão de 10%, podendo ser ampliados posteriormente se recusados os embargos à execução.

O artigo 25, da lei 12.016/09 prevê, igualmente, a proibição de cobrança de honorários advocatícios em sede de Mandado de Segurança, ressalvando-se as punições específicas no caso de má-fé.

Os honorários advocatícios tampouco podem ser definidos em salários mínimos, tal como previsto na súmula 201 do STJ.

São devidos honorários advocatícios inclusive ao Defensor Público, tal como já decidido pelo STJ (2ª Turma, REsp. 480.598-RS, min. rel. Eliana Calmon, j. 4/12/03, DJU 8/03/04), mesmo que se trate de causa contra Municípios (STJ, 1ª Turma, REsp 805.540,

Min. Luiz Fux,j. 22/08/06), sendo contra a Fazenda Pública, entretanto, entende-se que há confusão e nega-se tais verbas, independentemente de existir lei estadual definindo um Fundo Financeiro Especial à Defensoria Pública ou não (REsp 480.598; REsp 810.451).

Em jurisdição voluntária tampouco há condenação em verbas honorárias, a não ser que a lide assuma caráter litigioso. Quanto ao processo cautelar, há divergência no STJ, predominando a posição de que cabem honorários se ele assumir caráter litigioso.

Sendo a Fazenda Pública condenada nos honorários advocatícios, em se tratando de obrigação de pequeno valor (definida pelos critérios presentes em: artigo 100, §3°, da C.F.; artigo 17, §1° da lei 10.259/97, e artigo 87, do ADCT), o pagamento não será feito por precatórios. (NEGRÃO, Theotônio; GOUVÊA, José Roberto. Código de Processo Civil. 40ª ed. São Paulo: Saraiva, 2008. p. 149ss.).

Nos embargos à execução improcedentes, o juiz não está adstrito aos valores máximo e mínimo presentes no artigo 20, §3°, do CPC, devendo ele, entretanto, pautar-se pelo artigo 20, §4° (REsp 72.393), pois considera-se a decisão como meramente declaratória; há divergências, entretanto quanto aos embargos à execução acolhidos: aplica-se o 20, §4° ou o 20, §3°. A divergência se amplia na exceção de pré-executividade, pois discute-se a extensão dos honorários independentemente do tipo de decisão tomada pelo juiz.

78. Quando as partes são dispensadas do pagamento de despesas?

As partes são dispensadas das custas ao serem beneficiárias da Justiça Gratuita, direito constitucional presente no artigo 5°, LXXIV, da Constituição Federal. Esse direito é regulado pela lei 1.060/1950, a qual foi recepcionada pela nossa Constituição Federal.

Art. 5°, LXXIV, CF: O Estado prestará assistência jurídica integral e gratuita aos que comprovarem insuficiência de recursos.

79. Que despesas são abarcadas pela Assistência Judiciária Gratuita?

A lei 1.060/50 elenca as seguintes despesas:

> *Art. 3º. A assistência judiciária compreende as seguintes isenções:*
>
> *I - das taxas judiciárias e dos selos;*
>
> *II - dos emolumentos e custas devidos aos Juízes, órgãos do Ministério Público e serventuários da justiça;*
>
> *III - das despesas com as publicações indispensáveis no jornal encarregado da divulgação dos atos oficiais;*
>
> *IV - das indenizações devidas às testemunhas que, quando empregados, receberão do empregador salário integral, como se em serviço estivessem, ressalvado o direito regressivo contra o poder público federal, no Distrito Federal e nos Territórios; ou contra o poder público estadual, nos Estados;*
>
> *V - dos honorários de advogado e peritos.*
>
> *VI – das despesas com a realização do exame de código genético – DNA que for requisitado pela autoridade judiciária nas ações de investigação de paternidade ou maternidade.(Incluído pela Lei nº 10.317, de 2001)*
>
> *VII – dos depósitos previstos em lei para interposição de recurso, ajuizamento de ação e demais atos processuais inerentes ao exercício da ampla defesa e do contraditório. (Incluído pela Lei Complementar nº 132, de 2009).*

Lembrando que, nos termos do artigo 12 da lei:

Art. 12. A parte beneficiada pelo isenção do pagamento das custas ficará obrigada a pagá-las, desde que possa fazê-lo, sem prejuízo do sustento próprio ou da família, se dentro de cinco anos, a contar da sentença final, o assistido não puder satisfazer tal pagamento, a obrigação ficará prescrita.

80. As partes podem excluir do Poder Judiciário algum tipo de litígio?

O litígios referentes a direitos patrimoniais disponíveis podem ser excluídos da apreciação do Poder Judiciário e solucionados através da arbitragem (lei 9.307/96), um dos métodos de autocomposição. Com isso, haveria a exclusão do Poder Judiciário desses litígios, assim optando as partes.

Outro método de autocomposição que pode excluir os litígios do Poder Judiciário é a transação. A transação pode impedir a abertura da relação processual (principalmente se referendada pelo Ministério Público, ou pela Defensoria Pública, como no caso do artigo 13 da lei 10.741/03 - alimentos a idosos), ou suspendê-la, caso em que deverá ser homologada pelo Juiz de Direito, não havendo, portanto, uma exclusão total.

Igualmente, poderia haver a exclusão de análise do Poder Judiciário em alguns casos específicos de Jurisdição Voluntária - onde, apesar de tudo, não haveria a lide propriamente dita -, como, por exemplo, no caso de Divórcio em que não há filhos menores, nem incapazes, resultantes do relacionamento. Concordando as partes quanto à divisão de bens, ele poderia ser feito em um tabelionato de notas.

81. Quando se considera proposta uma ação?

A resposta encontra-se no artigo 263, do CPC:

Art. 263. Considera-se proposta a ação, <u>tanto que</u> <u>a petição inicial seja despachada pelo juiz, ou</u> <u>simplesmente distribuída,</u> onde houver mais de uma vara. A propositura da ação, todavia, só produz, quanto ao réu, os efeitos mencionados no art. 219 depois que for validamente citado.

<u>Atualização Novo CPC: Considera-se proposta uma ação, agora, quando ela for protocolada, não apenas quando for despachada. A litispendência, entretanto, continua a ser a partir da citação, como dantes.</u>

Art. 312. Considera-se proposta a ação quando a petição inicial for protocolada, todavia, a propositura da ação só produz quanto ao réu os efeitos mencionados no art. 240 depois que for validamente citado.

82. As condições da ação podem ser objeto de ação declaratória autônoma?

O artigo 4º do CPC afirma que a ação declaratória visa <u>declarar a existência ou a inexistência de uma relação jurídica,</u> ou ainda a autenticidade ou a falsidade de um documento. No caso, a questão se refere à possibilidade de uma ação declaratória não-incidental dirimir dúvida referente à possibilidade jurídica do pedido, à legitimidade ad causam e ao interesse de agir das partes participantes da relação jurídico processual.

Para que se possa responder adequadamente essa questão, é necessário uma análise dos artigos referentes à ação declaratória incidental. Diz o artigo 5º:

Art. 5º: Se no curso do processo, se tornar litigiosa relação jurídica de cuja existência ou inexistência depender o julgamento da lide, qualquer das partes poderá requerer que o juiz a declare por sentença.

E o artigo 325:

Art. 325: Contestando o réu o direito que constitui fundamento do pedido, o autor poderá requerer, no prazo de 10 (dez) dias, que sobre ele o juiz profira sentença incidente, se da declaração da existência ou da inexistência do direito depender, no todo ou em parte, o julgamento da lide.

É inegável que, apesar de hoje ser o direito de ação visto, por unanimidade, como autônomo e abstrato, o julgamento da lide apenas ocorre após análise dos pressupostos processuais e das condições da ação. Não havendo nenhuma das condições da ação, não se faz o julgamento, já que o autor é "carente" do direito de ação. Tratando a ação declaratória incidental da declaração de um direito do qual depende o julgamento da lide, vê-se que, na hipótese presente, a ação declaratória autônoma não seria adequada.

As condições da ação são requisitos impostos para o exercício do direito material da parte. Esses requisitos, apesar de serem, no dizer de Liebman, um ponto de contato entre o direito material da parte e o processo (tal como em ARAÚJO CINTRA, Antônio Carlos; GRINOVER, Ada Pelegrini; DINAMARCO, Cândido Rangel. Teoria Geral do Processo. 23ª ed. São Paulo, Malheiros, 2007. p. 269ss.), não autorizam um julgamento de mérito (267, VI, CPC). Sendo um elo de ligação, sua análise necessariamente não pode ser desvinculada da causa a que se referem. Assim, proibida fica a ação declaratória autônoma, pois ela não presta a declarar a interpretação de direito em tese (RTJ 113/1.322; RTJESP 94/81; JTJ 174/18), nem para a realização de consultas (RTJESP 1065/91, citado em NEGRÃO, Theotônio; GOUVÊA, José Roberto. Código de Processo Civil. 40ª ed. p. 125.).

Atualização novo CPC: Referem-se à ação declaratória, atualmente, os artigos 20; 77, III; 313, IV, a; etc. A resposta acima se mantém válida, e não deve ser esquecido que os artigos reproduzidos expressaram-se enquanto manifestação normativa de posições doutrinárias, nunca deixando de ser totalmente válidos para o estudo, ainda que não possam ser mais citados pelo número em uma resposta de concurso.

83. Qual o conceito de ação segundo a teoria de ação como direito abstrato?

Para a doutrina clássica ação era o direito substantivo da parte reagindo contra a violação de direito material. Esse conceito foi alterado, entretanto, após a polêmica entre os romanistas Windscheid e Muther, quando se chegou à conclusão de que o direito de ação e o direito lesado são conceitos separados e diferentes, que não se confundem.

A partir desse novo conceito de direito de ação, duas novas correntes surgem para explicá-lo: uma que o considera autônomo e abstrato, outra que o considera autônomo e concreto. Essa última seria abandonada após as críticas apresentadas por Degenkolb e Plósz, pois não explica adequadamente a existência do direito de ação nas causas em que a pretensão do autor não tem razão de ser. Estabeleceu-se, portanto, o direito de ação como autônomo e abstrato.

O direito de ação, assim, para Liebman seria "o direito subjetivo que consiste no poder de produzir o evento a que está condicionado o efetivo exercício da prestação jurisdicional." (citado por THEODORO JÚNIOR, Humberto. Código de Processo Civil. Forense: 2007, 47ª ed. p. 59 ss., . v.1.)

84. Por que se diz que o direito de ação é um direito público subjetivo?

Para Humberto Theodoro Júnior (THEODORO JÚNIOR, Humberto. Código de Processo Civil. Forense: 2007, 47ª ed. p. 59 ss., v.1.) :

"A parte, frente ao Estado-juiz, dispõe de um poder jurídico, que consiste na faculdade de obter a tutela para os próprios direitos ou interesses, quando lesados ou ameaçados, ou para obter a definição das situações jurídicas

controvertidas. É o direito de ação, de natureza pública, por referir-se a uma atividade pública, oficial, do Estado.

O exercício da ação colima, pois, um ato de jurisdição da parte do Estado; ao exigir o cumprimento de uma obrigação, aspira-se, em última análise, que o devedor entregue algo de seu patrimônio, esclareça um fato, ou que se esclareça uma situação incerta; mas sob o ponto de vista processual o que se pretende é o restabelecimento da ordem jurídica, circunstância que caracteriza essa função de direito público."

O conceito de ação como um direito público subjetivo é intrinsecamente ligado ao seu conceito de ação como um direito autônomo e abstrato, pois esse direito é exercido perante o Estado, por meio de uma jurisdição por providenciada, com a intenção de pacificar a sociedade. Em resumo, por ser exercido perante o Estado, é público, por ser exercido por um cidadão, é subjetivo.

85. Em que momento processual ocorre a litispendência?

Tendo uma petição já sido protocolada no fórum, tem-se identidade de objeto e de causa petendi. Tal identidade, entretanto, só se consuma no momento em que o polo passivo da nova ação é constituído, de forma que a litispendência ocorre no momento em que há uma citação válida em um segundo processo.

Atualização Novo CPC: Artigo 240.

86. O que é litispendência?

Litispendência é um fator de extinção do processo sem resultado de mérito (artigo 265, V, CPC). Ela ocorre quando dois processos possuem idênticas partes, pedido e causa de pedir (causa petendi). Não se fala em litispendência, entretanto, a nível internacional: os processos idênticos devem ter ou estar tramitando no judiciário brasileiro.

87. Uma entidade beneficente sem fins lucrativos tem direito à assistência judiciária Gratuita?

Há duas correntes no STJ. Uma delas defende que basta ser entidade sem fins lucrativos, há a presunção *juris tantum* (ou seja, que pode ser provada em sentido contrário) de necessidade, e, portanto, de gratuidade da justiça:

> *EMBARGOS DE DIVERGÊNCIA. DIREITO PROCESSUAL CIVIL.ASSISTÊNCIA JUDICIÁRIA. PESSOA JURÍDICA SEM FINS LUCRATIVOS. CONDIÇÃO DE POBREZA. ÔNUS DA PROVA.*
>
> *1. O benefício da assistência judiciária foi instituído, originariamente, com fins de assegurar às pessoas naturais o efetivo cumprimento do desiderato constitucional do amplo acesso ao Poder Judiciário, já cogente ao tempo de sua edição (cf. artigo 141, parágrafo 4º, da Constituição Federal de 1946), bastando, à sua concessão, a simples afirmação de se*
>
> *tratar de pessoa necessitada, porque presumida, juris tantum , a condição de pobreza, nos termos do artigo 4º da Lei nº 1.060/50.*
>
> *2. Mais tarde, doutrina e jurisprudência ampliaram significativamente tal benefício no sentido de alcançar não somente as pessoas naturais, mas também, com base na mesma norma, as pessoas jurídicas sem fins lucrativos e beneficentes, mantendo a presunção juris tantum sobre a impossibilidade de arcar com as despesas do processo sem prejuízo de sua manutenção.*
>
> *3. Por fim, restou assegurada a concessão da assistência judiciária às pessoas jurídicas em geral, incluindo aqueloutras com fins lucrativos, cabendo-lhes, contudo, a comprovação da condição de*

miserabilidade, porque não há falar, aí, em presunção de pobreza, nos termos jurídicos.

4. As entidades sem fins lucrativos e beneficentes - tal como nos autos, em que se cuida de fundação mantenedora de hospital - fazem jus à concessão do benefício da justiça gratuita, sendo despicienda prévia comprovação da necessidade, porque gozam de presunção juris tantum de tal condição.

5. Precedente da Corte Especial (EREsp nº 388.045/RS, Relator Ministro Gilson Dipp, in DJ 22/9/2003).

6. Embargos de divergência acolhidos. (EMBARGOS DE DIVERGÊNCIA EM RESP Nº 1.055.037 - Julgado em 15 de Abril de 2009 - MG - RELATOR : MINISTRO HAMILTON CARVALHIDO)

Após esse julgamento, entretanto, ambas as turmas do STJ mudaram temporariamente seu entendimento, passando a entender que é necessário a prova cabal de que passa por necessidades financeiras para que tenha o acesso à Assistência Judiciária:

PROCESSUAL CIVIL. ASSISTÊNCIA JUDICIÁRIA GRATUITA. PESSOA JURÍDICA. SINDICATO. PESSOA JURÍDICA SEM FINS LUCRATIVOS. COMPROVAÇÃO DA SITUAÇÃO DE NECESSIDADE. EXIGÊNCIA. PRECEDENTE DA CORTE ESPECIAL.

1. O benefício da gratuidade pode ser concedido às pessoas jurídicas – com ou sem fins lucrativos – apenas se comprovarem que dele necessitam. Entendimento firmado pela Corte Especial no julgamento dos EREsp 1.015.372/SP.

2. Agravo Regimental não provido. [AgRg no RECURSO ESPECIAL Nº 1.210.700 - RS

(2010/0155521-3) - RELATOR : MINISTRO HERMAN BENJAMIN)

Atenção: Apesar dessa última decisão aqui citada, ainda se encontram acórdãos nos dois sentidos, inclusive advindos de Ministros do STJ. Citar as duas posições, portanto, é imprescindível.

88. Em que consiste a perempção?

Um autor que abandonar a sua causa poderá repropô-la. Entretanto, se abandonar por três vezes causas contra o mesmo réu, que possuam o mesmo objeto, ocorrerá o instituto da perempção. Pune, assim, o direito, a desídia do incauto que mostra repetidas vezes seu desinteresse pelo mecanismo da Justiça.

A ocorrência da perempção, entretanto, não impede que o autor já punido pela perempção alegue em sua defesa os mesmos fatos (das outras três ações) em sua defesa - artigo 268, p. único do processo civil.

> *268, Parágrafo único.*

> *Se o autor der causa, por três vezes, à extinção do processo pelo fundamento previsto no no III do artigo anterior, não poderá intentar nova ação contra o réu com o mesmo objeto, ficando-lhe ressalvada, entretanto, a possibilidade de alegar em defesa o seu direito.*

Para referência, afirma o artigo 267, III:

> *Art. 267. Extingue-se o processo, sem resolução de mérito:*

III - quando, por não promover os atos e diligências que lhe competir, o autor abandonar a causa por mais de 30 (trinta) dias.

Atualização Novo CPC: os artigos 337, V e 485, V, preveem expressamente a existência do instituto, definido de forma idêntica no artigo 486, §3º da nova lei.

89. O que se entende por jurisdição contenciosa?

"Jurisdição contenciosa é a jurisdição propriamente dita, isto é, aquela função que o Estado desempenha na pacificação ou composição de litígios." (HTJ. Código de Processo Civil. 47ª ed. p. 38ss., p. 44ss. v.1.). Ela se opõe à jurisdição voluntária, aquela em que o juiz realiza a gestão pública de interesses privados. Ambas compõe o conceito de jurisdição em sentido amplo, nos termos do artigo 1º, do CPC.

Dessa forma, para melhor se entender o conceito de jurisdição contenciosa, faz-se necessário entender o conceito de jurisdição em sentido amplo. Para Cintra-Dinamarco-Grinover (Teoria Geral do Processo, 23ª edição. p. 145ss., p. 169ss.), a jurisdição não é só uma função estatal, ou seu monopólio, mas antes:

"poder, função e atividade. Como poder, é manifestação do poder estatal, conceituando como capacidade de decidir imperativamente e impor decisões. Como função, expressa o encargo que têm os órgãos estatais de promover a pacificação de conflitos interindividuais, mediante a realização de um direito justo e através do processo. E como atividade ela é o complexo de atos do juiz no processo, exercendo o poder cumprindo a função que a lei lhe comete. O poder, a função e a atividade somente transparecem legitimamente através de um processo devidamente estruturado (devido processo legal)."p.145ss.

90. Qual a diferença entre foro, juiz e juízo?

Juiz é o cidadão investido do Poder Jurisdicional para julgar uma causa. Pode ser o Juiz togado, membro da Magistratura e investido através de concurso Público, mas também pode ser o jurado (juiz de fato), ou ainda os juízes leigos, presentes nos Juizados Especiais Cíveis (caput do artigo 21, da lei 9.099/95).

Juízo é a somatória do magistrado com os órgãos auxiliares, atuantes sob o seu comando. Como auxiliares permanentes temos o escrivão, o oficial de justiça, o distribuidor. Há ainda, entretanto, os auxiliares eventuais, como o intérprete, o depositário, o administrador, o perito, o síndico da massa falida, etc..

O juiz tem competência para exercer sua atividade jurisdicional em um foro, ou seja, uma circunscrição territorial.

91. Qual a diferença entre carência e procedência da ação?

Fala-se em carência de ação diante da não ocorrência das condições da ação, definidas no próprio CPC como:

I- Possibilidade Jurídica do Pedido;

II - Interesse de agir, ou seja, interesse na tutela jurisdicional;

III - Legitimidade ad causam, ou seja, legitimidade da parte para a causa.

Não ocorrendo as condições da ação (a viabilidade material do direito de ação, se ele pode ser exercido no caso concreto – HTJ, Código de Processo Civil., 47ª ed. p. 52 ss., 63ss., 357ss., 434ss.. v.1.), não há uma análise do mérito, e, portanto, não se fala em procedência ou improcedência, mas sim em carência de ação.

A carência de ação pode levar ao indeferimento da inicial (CPC, 295, II e IIII; 295, p. único, III), ao contrário da análise da procedência do pedido, feita apenas após a instrução. Não há, entretanto, preclusão: o juiz pode analisar as condições da ação a qualquer momento, enquanto não houver sentença de mérito, independentemente de provocação das partes (267, §3º, CPC). Essa é a chamada teoria da apresentação.

Contrariando essa última posição, há a teoria da prospecção, defendida por Kazuo Watanabe, defendendo ser uma decisão de mérito aquela que analisa as condições da ação após a instrução. Ela é minoritária na doutrina brasileira.

92. A ação movida em outro país obsta eventual demanda no Brasil?

A resposta para tal pergunta se encontra nos artigos 88-90 do Código de Processo Civil:

> *Art. 88. É competente a autoridade judiciária brasileira quando:*
>
> *I - o réu, qualquer que seja a sua nacionalidade, estiver domiciliado no Brasil;*
>
> *II - no Brasil tiver de ser cumprida a obrigação;*
>
> *III - a ação se originar de fato ocorrido ou de ato praticado no Brasil.*
>
> *Parágrafo único. Para o fim do disposto no no I, reputa-se domiciliada no Brasil a pessoa jurídica estrangeira que aqui tiver agência, filial ou sucursal.*
>
> *Art. 89. Compete à autoridade judiciária brasileira, com exclusão de qualquer outra:*
>
> *I - conhecer de ações relativas a imóveis situados no Brasil;*
>
> *II - proceder a inventário e partilha de bens, situados no Brasil, ainda que o autor da herança seja*

estrangeiro e tenha residido fora do território nacional.

> *Art. 90. A ação intentada perante tribunal estrangeiro não induz litispendência, nem obsta a que a autoridade judiciária brasileira conheça da mesma causa e das que lhe são conexas.*

Segundo Humberto Theodoro Júnior, no primeiro volume de seu manual, p. 181 ss., a competência presente no artigo 88 chama-se concorrente, e a do artigo 89 exclusiva. Tanto uma como outra não obstam a ocorrência da ação no Brasil (não há litispendência), entretanto, se a sentença estrangeira houver sido homologada pelo STJ, a ação não pode ser proposta no caso de competência concorrente (CPC, Theotonio Negrão, p. 231, 40ª edição).

Atualização Novo CPC: Continua não obstando, nos termos do atual artigo 24.

> *Art. 24. A ação proposta perante tribunal estrangeiro não induz litispendência e não obsta a que a autoridade judiciária brasileira conheça da mesma causa e das que lhe são conexas, ressalvadas as disposições em contrário de tratados internacionais e acordos bilaterais em vigor no Brasil.*
>
> *Parágrafo único. A pendência de causa perante a jurisdição brasileira não impede a homologação de sentença judicial estrangeira quando exigida para produzir efeitos no Brasil.*

93. A lei processual pode ser qualificada de adjetiva?

Segundo o dicionário Houaiss, adjetivo é aquilo que é conexo, subordinado. O direito de ação, tal como é visto atualmente, não se apresenta como adjetivo ou subordinado, mas como verdadeira direito autônomo.

Para a doutrina clássica, ação era o próprio direito substantivo reagindo contra a violação. Mas após a polêmica entre os romanistas Widscheid e Muther, acabou por se concluir que ação e direito lesado são totalmente separados e independentes (e, portanto, a lei processual não seria meramente adjetiva).

A partir dessa nova visão de direito de ação, duas correntes principais se destacaram: uma que via o direito de ação como autônomo e concreto, outra que o via como autônomo e abstrato. A primeira, ao limitar o direito de ação à existência do direito material a tutelar, não explicava adequadamente os casos em que o autor perde a ação, justamente por não ter razão de ser a sua pretensão. Com isso, a doutrina passou a concentrar-se na segunda concepção, que vê o direito como autônomo e abstrato.

Assim, a lei processual não é adjetiva, ao garantir um verdadeiro direito à tutela jurisdicional para o cidadão.

94. Como se vê a designação de um juiz para determinada causa em face do princípio do juiz natural? O que são tribunais de exceção?

O princípio do juiz natural é uma das três características fundamentais do conceito de jurisdição, ao lado da indeclinabilidade e da improrrogabilidade. Ela caracteriza-se por dois principais aspectos:

    1.   o de que só é juiz o órgão investido na jurisdição, ou seja, aquele a quem a Constituição da República fornece o poder jurisdicional;

    2.   e, consequentemente, a proibição da criação de tribunais ad hoc e de exceção, organismos esses que fugiriam à estruturação constitucional.

O conceito de juiz natural é intimamente ligado à garantia da imparcialidade do juiz, imparcialidade essa prevista inclusive na declaração de direitos humanos da ONU. Dessa forma, feriria o princípio do juiz natural:

• a criação de órgãos jurisdicionais fora da Constituição;

• ser julgado por um órgão constituído após a ocorrência do fato e em virtude dele;

• ser julgado por um juiz indicado para o caso, à total revelia das competências constitucionalmente enumeradas, como ocorre no enunciado.

95. O que vem a ser o princípio da aquisição processual?

Uma prova , após adentar o mundo dos autos, pode ser usada contra ou a favor de qualquer parte processual. Não se aplica o conceito de propriedade às provas presentes no processo, elas ali estão para desvendar a verdade e solucionar a lide a favor ou desfavor de qualquer parte, mas sempre a favor da justiça.

96. Em que consiste o princípio do impulso oficial?

O processo é inerte e sua instauração depende da inciativa do autor. Uma vez instaurado, entretanto, cabe ao juiz conduzi-lo, fase a fase, até a solução definitiva da causa. Esse é o princípio do impulso oficial, presente no CPC atual, em oposição à sistemática adotada anteriormente no CPC de 1939. Nele o critério d impulso das partes era aplicado, em que sempre caberia a elas solicitar o andamento da causa.

Para recordar: A preclusão, como perda de uma faculdade ou direito processual da parte é intimamente ligada ao princípio do impulso oficial. Ela pode ser temporal (não exercício do direito no prazo determinado), lógica (impossibilidade da prática do ato) e consumativa (perda d0e uma faculdade processual validamente exercida). É em razão do andamento processual dado pelo impulso oficial que o instituto da preclusão realiza-se.

O princípio do impulso oficial se baseia na ideia de que o Estado tem interesse na solução da lide, e por isso impõe limites à atividade individual, para garantir maior rapidez e regularidade à solução da lide. Isso não impede que as partes, entretanto, concordem com a dilação de prazos ou peçam diligências necessárias à instrução da causa.

97. O que se entende por direito material?

Direito material é o corpo de normas que disciplinam as relações jurídicas referentes a bens e utilidades da vida (como direito civil, penal administrativo, comercial, tributário, trabalhista, etc.).

Para recordar: o direito processual refere-se ao exercício conjugado da jurisdição pelo Estado-Juiz, da ação pelo demandante e da defesa pelo demandado. Ele é um instrumento a serviço do direito material que visa garantir a autoridade do ordenamento jurídico.

98. O que se entende por concepção unitária e dualista do processo civil?

A teoria unitarista sustenta que o direito processual civil e o direito processual penal são dois ramos de uma mesma ciência, a do direito processual. Ela se opõe à teoria dualista que sustenta serem distintas ciências o direito processual penal e o direito processual civil.

Dentre o vários argumentos levantados pelos unitaristas estão: conceitos comuns de jurisdição e processo, de prova e sentença, de recurso, entre outros. Já os dualistas asseveram, ao contrário, que o direito processual civil distingue-se do direito processual penal por várias razões, sendo as principais:

1.   ser objetivo do direito processual penal a pretensão punitiva do Estado, ao passo que no processo civil a pretensão é de direito privado;

2.   no processo penal vigora o princípio da verdade real, e no processo civil a verdade ficta/formal;

3.   no processo civil o princípio dispositivo impera, ao passo que no processo penal o inquisitivo impera.

A teoria unitária responde a esses dois últimos argumentos afirmando que a publicização da ciência processual não coloca mais o juiz como mero espectador da batalha judicial - o que seria de se esperar no âmbito civil, já que o princípio dispositivo preconizaria toda a iniciativa relativamente as provas e as alegações às partes. Assim, a jurisdição passa a ser vista como um poder-dever do Estado, no qual o juiz civil pode e deve assumir as provas (exemplos: 130, CPC: indeferindo as inúteis; 320, CPC: convocando as partes para ouvi-las; 440, CPC: tomando a iniciativa da instrução). Assim, também no ramo do processo civil o juiz cada vez mais deve buscar a verdade real – ainda que a lei lhe permita se satisfazer com a verdade formal -, mitigando a força do princípio dispositivo, a ponto de Dinamarco-Cintra-Grinover dizerem que há o princípio da livre investigação das provas no "Teoria Geral do Processo".

99. Em que consiste o princípio da lealdade processual? E o da economia processual?

Princípio da lealdade processual visa conter os litigantes e lhes impor uma conduta que possa levar o processo à consecução de seus objetivos. A necessidade de um comportamento ético, entretanto, não se limita às partes e seus advogados – seja nos processos de conhecimento, execução (arts. 600-601, do CPC) ou cautelar – mas também ao próprio juiz, os serventuários, os membros do Ministério Público.

A proibição de recursos protelatórios, própria do princípio da lealdade processual, pode ser vista como intimamente ligada ao princípio da economia processual, o qual preconiza o máximo resultado na atuação do direito com o mínimo emprego de atividades processuais. Como exemplo se pode citar a conexão ou continência, a reconvenção, a ação declaratória incidental, o litisconsórcio. Outros exemplos são: a indiferença na escolha do interdito possessório adequado, e as regras processuais sobre nulidades quando tiverem alcançado sua finalidade e não houverem prejudicado a defesa - *"pas de nullité sans grief"*.

Para recordar: o princípio da instrumentalidade das formas é derivado do princípio da economia processual.

---

100. Quais os princípios que devem ser respeitados no procedimento arbitral?

São eles:

• Princípio da imparcialidade do árbitro e Princípio da igualdade (isonomia): garantir às partes e aos procuradores tratamento igualitário, para que tenham as mesmas oportunidades de fazer valer em juízo as suas razões.

• Princípio do contraditório e da ampla defesa: o princípio da audiência bilateral, presente em nossa Constituição Federal e expresso no brocardo romano *"audiatur et altera pars"*.

• Princípio da persuasão racional do árbitro e princípio exigência de motivação das decisões arbitrais: o árbitro não é desvinculado da prova e dos elementos existentes nos autos - *"quod non est in actis non est in mundo"* - mas a sua apreciação não depende de critérios legais determinados a

147

priori. O árbitro só decide com base em elementos existentes no processo, mas os avalia segundo critérios racionais. Pode haver a possibilidade de as partes definirem diferentemente conforme a cláusula ou o compromisso arbitral.

• Princípio do devido processo legal: conjunto de garantias que, de um lado, asseguram às artes o exercício de suas faculdades processuais e, de outro, são indispensáveis ao   correto   exercício   da   jurisdição.

Princípios do procedimento arbitral? Mas eu nunca li nada sobre isso! Agora você já viu, caro leitor, que são os mesmos do processo judicial. Só muda o nome de quem julga. Candidatos pouco calmos no momento da prova tendem a errar esse tipo de questão.

101. Por que a doutrina entende que a relação jurídica processual é triangular?

A relação jurídica processual estabelece-se inicialmente entre o autor e o juiz. È apenas bilateral nessa fase. Com a citação do réu, este passa também a integrá-la, tornando-a completa e trilateral. Então estará o Estado habilitado a levar o processo à sua missão pacificadora de litígios e terá instrumento hábil para dar solução definitiva (de mérito) à causa. Só assim respeita-se o princípio do contraditório e da ampla defesa, com a garantia do devido processo legal.

A teoria triangular vê o processo como uma relação jurídica de direito público em que as partes não apenas tem direitos e deveres entre si, mas também para com o juiz. Ela se opõe à teoria linear, que exclui o juiz da relação, e que não é mais aplicada pois hoje vigora uma visão publicística da relação processual (Cf. HTJ, 338ss.).

Há uma terceira teoria, chamada teoria angular, que não reconhece o vínculo direto entre as partes, mas apenas das partes com o juiz, de forma que elas só atingem umas às outras através das decisões do juiz. À autoridade estatal cabe exclusivamente a solução do litígio, e, por isso, o juiz está em uma posição superior nessa relação.

102. O que se entende por progressividade processual?

O primeiro vínculo processual ocorre entre o Estado e o peticionário, através do direito de ação presente na inicial. Nesse momento se forma o polo ativo da demanda, ou seja a relação entre juiz e autor. Assim dispõe o artigo 263, do CPC:

> *Art. 263. Considera-se proposta a ação, tanto que a petição inicial seja despachada pelo juiz, ou simplesmente distribuída, onde houver mais de uma vara. A propositura da ação, todavia, só produz, quanto ao réu, os efeitos mencionados no art. 219 depois que for validamente citado.*

Nesse momento há a estabilidade do juízo - o órgão, e não a pessoa física do juiz. Essa estabilidade recebe o nome de *"perpetuatio jurisdictionis"*. Exceção é aquela presente no artigo 475-P, em que é permitido o deslocamento do juízo na fase de cumprimento de sentença, caso o exequente opte pelo juízo do local em que se encontrar os bens sujeitos à exploração, ou pelo atual domínio do executado, ao invés do juízo que processou a causa no primeiro grau de jurisdição. Outras exceções são as regras de conexão e continência.

Numa segunda fase, com a citação do réu, a relação processual se completa com seu lado passivo, isto é, com a vinculação entre o juiz e o réu. Há, assim, a sua ampliação. Com isso, o processo estará perfeito em sua relação angular de "actus trium personarum".

Nesse momento há a fixação dos elementos objetivos e subjetivos do processo, permitindo-se a substituição das partes litigantes apenas nas hipóteses legais, bem como impedindo a modificação do pedido e da causa de pedir, salvo acordo com o réu. A modificação torna-se absolutamente impossível com o despacho saneador do juiz.

Vê-se, assim, que a estabilidade da demanda ocorre de forma progressiva, através de fases nítidas e bem definidas.

103. Quais os princípios que informam a audiência?

Na audiência, assim como nas demais fases processuais, devem ser observadas as garantias do (i) devido processo legal, assim entendidas como o conjunto de garantias jurisdicionais que assegura às partes o exercício de suas faculdades e poderes processuais indispensáveis ao correto exercício da jurisdição.

Incluem-se aqui, portanto, o (II) contraditório e a ampla defesa, princípio da audiência bilateral expresso no brocardo romano *"audiatur et altera pars"*. Ambas as partes, portanto, devem ser regularmente citadas para participarem da audiência e produzirem provas. Com isso, também (III) respeita-se o princípio da igualdade, garantindo-se às partes e seus procuradores as mesmas oportunidades de fazer valer em juízo as suas razões.

Já o (IV) princípio da oralidade foi adotado de forma mitigada em nosso Código. Suas principais características (princípios componentes) são:

• Identidade da pessoa física do juiz. O artigo 132, do CPC, prevê as exceções:

> Art. 132. *O juiz, titular ou substituto, que concluir a audiência julgará a lide, salvo se estiver convocado, licenciado, afastado por qualquer motivo, promovido ou aposentado, casos em que passará os autos ao seu sucessor.*

O artigo equivalente foi retirado da redação final do presente CPC (2015), sendo apenas opcional ao juiz que concluir a audiência a emissão da sentença de imediato (artigo 367, do Novo CPC). Houve, assim, uma grande mitigação do princípio da identidade da pessoa física do juiz.

- Concentração, com provas e julgamentos em uma única audiência. A mais visível exceção é no caso de julgamento antecipado da lide.

- Irrecorribilidade das decisões interlocutórias: não presente no Código de Processo Civil.

- Imediação: contato direto do juiz com as partes e as provas (melhor explicado abaixo).

Para recordar: Deve o juiz buscar previamente a conciliação entre as partes, tal como preconizado pelas mudanças ocorridas em nosso CPC (velho e novo) nos últimos 15 anos, trazendo novidades como a audiência preliminar.

Para recordar (II): Garantindo-se o contraditório e a ampla defesa garante-se a igualdade e, com isso, o juiz passa a agir de modo imparcial na audiência que visa uma solução da lide.

104. Que vem a ser o princípio da moralidade?

O conceito de princípio da moralidade aplicado no direito administrativo pode ser adequadamente adaptado ao processo civil. Para Hely Lopes Merelles:

"não se trata – diz Hairou, o sistematizador de tal conceito – da moral comum, mas sim de uma moral jurídica, entendida como

o conjunto de regras de conduta tiradas da disciplina interior da Administração.” (citado por Alexandre de Moraes, em Direito Constitucional, p. 82)

Assim, segue o juiz o princípio da moralidade não apenas ao atuar conforme o senso comum de honestidade, retidão, equilíbrio, justiça, mas também ao respeitar todas as regras e princípios processuais, com maior relevo ao princípio do contraditório e da ampla defesa a todas as partes , dando um tratamento igualitário a elas e atuando de modo imparcial.

105. O que se entende por princípio da imediatidade?

O princípio da imediação (imediatidade) exige o contato direto do juiz com as partes e as provas, a fim de que receba , sem intermediários, o material de que se servirá para julgar (a imediação não está necessariamente ligada à oralidade, mas historicamente os dois princípios sempre andaram consideravelmente juntos). Como corolário indispensável da imediação segue-se o princípio da identidade física do juiz: o magistrado deve ser o mesmo, do começo ao fim da instrução oral, salvo casos excepcionais (presentes no citado artigo 132, do CPC, vide acima), para que o julgamento não seja feito por um juiz que não teve contato direto com os atos processuais.

106. Fale sobre o princípio do devido processo legal.

Cintra-Dinamarco-Grinover, em *Teoria geral do processo,* assim definem o princípio à página 88ss.:

“Entende-se, com essa fórmula, o conjunto de garantias constitucionais que, de um lado, asseguram às partes o exercício de suas faculdades e poderes processuais e, de outro, são indispensáveis ao correto exercício da jurisdição. Garantias que não servem apenas aos interesses das partes, como direitos públicos subjetivos (ou poderes e faculdades processuais) destas, mas que

configuram, antes de mais nada, salvaguarda ao processo, objetivamente considerado, como fator legitimante do exercício da jurisdição."

Entre as garantias componentes do devido processo legal e citadas pelos referidos autores encontram-se as seguintes:

- contraditório e ampla defesa;
- igualdade processual;
- publicidade e dever de motivar as decisões judiciárias;
- provas obtidas por meios ilícitos, etc..

107. O que se entende por princípios informativos do processo?

Os princípios informativos do processo são princípios intrínsecos ao Poder Jurisdicional, necessários para que o sistema de composição da lide se desenvolva de maneira adequada aos seus fins, como o do devido processo legal, o inquisitivo, o dispositivo, o do contraditório, o do duplo grau de jurisdição, o da boa-fé e da lealdade processual, o da verdade real.

Eles se opõem aos princípios informativos do procedimento, procedimento caracterizado como coordenação de atos que se sucedem, manifestando o aspecto formal do processo. São eles: oralidade, publicidade, economia processual, e princípio da eventualidade ou preclusão (Cf. Teoria Geral do Processo, p. 295ss., HTJ v.1, p. 28ss. e 49ss.).

108. O que se entende por princípio da igualdade no processo civil?

Segundo o princípio da par conditio, as partes e os procuradores devem merecer tratamento igualitário para que tenham a mesma oportunidade de fazer valer em juízo as suas razões. Nesse sentido é que, no dizer do artigo 9º, do CPC, é dado curador especial ao incapaz que não tenha representante legal, bem como ao réu preso e ao revel citado por edital ou com hora certa.

A igualdade, entretanto, hoje é vista como um conceito substancial em que deve ser dado tratamento desigual aos desiguais, alcançando-se a igualdade pelo suprimento das diferenças. Um exemplo é a prioridade de tramitação dos processos de idosos e portadores de doenças graves, em razão de sua menor expectativa de sobrevida. Esse conceito, no processo civil, traduz-se pela paridade de armas, devendo-se sempre tomar cuidado para não se criar desequilíbrios a pretexto de remoção de desigualdades.

109. O artigo 2º e o 262 do CPC contém o mesmo princípio?

Art. 2º, CPC Nenhum juiz prestará a tutela jurisdicional senão quando a parte ou o interessado a requerer, nos casos e forma legais.

Art. 262, CPC O processo civil começa por iniciativa da parte, mas se desenvolve por impulso oficial.

Não apesar de serem interligados.

O artigo 2º do CPC refere-se ao princípio do dispositivo, no qual as partes tem a iniciativa da instauração da relação processual. O direito à tutela jurisdicional é disponível, assim como qualquer direito patrimonial privado. Iniciando-se a relação jurídico-processual, entretanto, então incide o artigo 262, do CPC, o qual preconiza o impulso oficial (vide acima para uma explicação mais detalhada desses dois princípios).

Nota de atualização - segue o artigo equivalente do novo código de processo civil (2015):

Art. 2º O processo começa por iniciativa da parte e se desenvolve por impulso oficial, salvo as exceções previstas em lei.

Como o antigo artigo 262 continha a lógica do antigo artigo 2º em sua primeira parte, esse último foi dispensado na nova redação.

110. O que se entende por princípio da inércia?

Princípio da inércia é outro nome dado ao princípio dispositivo (vide questões anteriores para uma explicação mais detalhada).

111. O que significa o princípio da concentração da defesa?

O princípio da concentração é um dos aspectos do princípio da oralidade – o qual em muitas de suas facetas tem aplicação mitigada em nosso ordenamento – ao lado do princípio da imediatidade, do princípio da identidade física do juiz e do princípio da irrecorribilidade das decisões interlocutórias.

O princípio da concentração visa a realização das provas em uma única audiência, ou, em sua impossibilidade, em pouca audiências seguidas. Ele possui exceções em nosso ordenamento, como a que possibilita o julgamento antecipado da causa quando a questão for apenas de direito, ou se tratando de questão de fato e de direito, quando não houver a necessidade de produção de provas em audiência.

No caso da defesa, deve o réu apresentá-la no momento da contestação em sua inteireza, sob pena de preclusão.

112. Qual o princípio que rege a eficácia da lei processual civil no tempo?

No Brasil aplica-se o princípio do "'isolamento dos atos processuais', no qual a lei nova não atinge os atos processuais já praticados, nem seus efeitos, mas se aplica aos atos processuais a praticar, sem limitações relativas às chamadas fases processuais" (Cintra-Dinamarco-Grinover, p. 105ss). Tal é o entendimento presente no artigo 1.211, do CPC:

> *Art. 1.211. Este Código regerá o processo civil em todo o território brasileiro. Ao entrar em vigor, suas disposições aplicar-se-ão desde logo aos processos pendentes.*
>
> *Nota de atualização - segue artigo equivalente do CPC de 2015:*
>
> *Art. 1.046. Ao entrar em vigor este Código, suas disposições se aplicarão desde logo aos processos pendentes, ficando revogada a Lei no 5.869, de 11 de janeiro de 1973.*

Outros sistemas que poderiam ter aplicação no presente caso, como ocorre em outros países, são, ainda segundo Cintra-Dinamarco-Grinover, p. 105ss.:

- *"unidade processual, segundo o qual, apesar de se desdobrar em uma série de atos diversos, o processo apresenta tal unidade que somente poderia ser regulado por uma única lei, a nova ou a velha, de modo que a velha teria de se impor para não ocorrer a retroação da nova, com prejuízo dos atos processuais praticados até sua vigência."*

- *"o das fases processuais, para o qual distinguir-se-iam fases processuais autônomas (postulatória, ordinatória, instrutória, decisória, recursal), cada uma suscetível, de per si, de ser disciplinada por uma lei diferente."*

113. Que vem a ser direito superveniente?

O artigo 462, do CPC, faz referência ao conceito de direito superveniente:

> *Art. 462. Se, depois da propositura da ação, algum fato constitutivo, modificativo ou extintivo do direito influir no julgamento da lide, caberá ao juiz tomá-lo em consideração, de ofício ou a requerimento da parte, no momento de proferir a sentença.*
>
> *Atualização Novo CPC: artigo equivalente é o 493, de redação idêntica.*

É o chamado "jus superveniens", conceito esse, entretanto, que não abarca as súmulas de jurisprudência. Assim, o direito superveniente é uma das exceções à teoria da estabilidade da demanda, ao permitir a alteração da causa de pedir, e do pedido, em razão da previsão do artigo 303, do CPC (Cf. p. 564ss., do Teutônio Negrão).

> *Art. 303. Depois da contestação, só é lícito deduzir novas alegações quando:*
>
> *I - relativas a direito superveniente;*
>
> *II - competir ao juiz conhecer delas de ofício;*
>
> *III - por expressa autorização legal, puderem ser formuladas em qualquer tempo e juízo.*
>
> *Nota de atualização: artigo 342, no CPC de 2015 é o equivalente.*

114. O CPC é composto por normas cogentes ou dispositivas?

Se o início do processo é uma opção da parte autora, assim que ele se inicia deve ser adotada a lei processual civil, como conjunto de leis que regulam a jurisdição e, por isso mesmo, são separadas do direito material, abstratamente considerado. Em sua maioria, portanto, tais normas são cogentes.

Há entretanto, no processo civil, normas dispositivas também. Exemplos de normas desse teor em nossa lei processual civil são:

• 333, p. Único, que permite a inversão do ônus da prova.

> *Art. 333.*

> *Parágrafo único. É nula a convenção que distribui de maneira diversa o ônus da prova quando:*

> *I - recair sobre direito indisponível da parte;*

> *II - tornar excessivamente difícil a uma parte o exercício do direito.*

> *Artigo equivalente no novo CPC, com redação idêntica: artigo 373, §3°.*

• 265, II, do CPC, que dispõe sobre a suspensão convencional do processo, desde que não preveja prazo superior a seis meses:

> *Art. 265. Suspende-se o processo:*

> *II - pela convenção das partes.*

> *Artigo equivalente no novo CPC, com redação idêntica: artigo 313, II.*

• 453, I, do CPC, trata do adiamento convencional da audiência:

> *Art. 453. A audiência poderá ser adiada:*

> *I - por convenção das partes, caso em que só será admissível uma vez;*

> *Artigo equivalente no novo CPC, com redação idêntica: artigo 362, I.*

• 111, do CPC, tratando da possibilidade de modificação da competência em razão do valor e do território – mas não matéria e hierarquia, esses dois nunca podem ser modificados – elegendo foro onde serão propostas as ações oriundas de direitos e obrigações.

> *Art. 111. A competência em razão da matéria e da hierarquia é inderrogável por convenção das partes; mas estas podem modificar a competência em razão do valor e do território, elegendo foro onde serão propostas as ações oriundas de direitos e obrigações.*
>
> *§ 1º O acordo, porém, só produz efeito, quando constar de contrato escrito e aludir expressamente a determinado negócio jurídico.*
>
> *Artigo equivalente no novo CPC, com redação idêntica: artigo 62.*
>
> *Art. 62. A competência determinada em razão da matéria, da pessoa ou da função é inderrogável por convenção das partes.*

115. O regimento interno dos tribunais é considerado fonte ou norma do direito processual civil?

O regimento interno é fonte do direito processual, pois cria, inclusive, recursos, como o agravo regimental.

No caso, é preciso ressaltar, como lembra Cintra-Dinamarco-Grinover à página 99ss., do teoria geral do processo, que no Brasil se adota o *"princípio do primado das leis sobre as demais fontes do direito, assim, entende-se que outras fontes somente produzem normas jurídicas com eficácia desde que essas normas não violem os mandamentos expressos nos preceitos legislativos."*

Tal competência é dada pela C.F. aos Tribunais em seu artigo 96, I, a, da CF, considerada, assim, uma norma do plano materialmente legislativo, ainda que subjetivamente judiciário – tal como ensinado pelos autores acima citados.

116. A lei processual civil pode perder vigência em razão do desuso ou em razão do costume?

Nenhuma lei perde a vigência por desuso ou em razão de costumes. Em nosso ordenamento jurídico prevalece o "princípio do primado da lei", sendo ela uma fonte do direito civil que prevalece sobre as demais, inclusive sobre os costumes.

117. Quantos livros tem o Código de Processo Civil?

O CPC possui 5 livros. São eles:

I – Do processo de conhecimento;

II – Do processo de execução;

III – Do processo cautelar;

IV - Procedimentos especiais;

V   -   Disposições   finais   e   transitórias.

Os livros são intuitivos. Uma vez que se domine o manuseio do Código de Processo Civil, sabe-se quais são os livros, até mesmo porque os volumes dos manuais de processo civil mais clássicos se dividem em três ou quatro exemplares com o mesmo nome dos livros internos do CPC. Respire fundo, e responda com calma, pois a pergunta não é um absurdo.

Atualização Novo CPC.

Os livros, agora, são os seguintes:

Parte Geral

I- Das Normas Processuais Civis;

II- Da Função Jurisdicional;

III- Dos Sujeitos do Processo;

IV- Dos Atos Processuais;

V- Da Tutela Provisória;

VI - Da Formação, da Suspensão e da Extinção do Processo;

Parte Especial

I- Do Processo de Conhecimento e do Cumprimento de sentença;

II- Do Processo de Execução;

III- Dos Processos nos Tribunais e dos Meios de Impugnação Judiciais

Livro Complementar

Não tão intuitivos como no Código anterior, vamos ver se mantém sua posição os processualistas que antes achavam um absurdo o desconhecimento a respeito dos nomes dos livros do Código (a lógica é que quem lida sempre com a lei conhece a disposição da matéria).

118. Quais as fontes primárias do Direito Processual Civil?

As fontes primárias da norma processual são as mesmas do direito em geral, a saber: a lei, os usos e costumes, o negócio jurídico, e , para alguns, a jurisprudência.

Nosso direito adota o princípio do primado da lei sobre as demais fontes do direito, assim, entende-se que tais outras fontes somente produzem normas jurídicas com eficácia desde que não violem os mandamentos expressos pelos preceitos legislativos.

Lei é aqui conceito usado em sentido amplo, abrangendo a Constituição Federal, as convenções e os Tratados internacionais, bem como os regimentos internos (96, I, a, CF).

Quanto aos demais itens, não há maiores dúvidas. Há, porém, quem coloque a jurisprudência dentro dos "usos e costumes", com a denominação "praxe forense". Também há uma corrente que nega a existência de negócios jurídicos processuais, afirmando não haver inovação de conteúdo nas normas processuais dispositivas (v.g. suspensão acordada do processo por seis meses), apenas a possibilidade de exercício da vontade. (Cf. Teoria Geral do processo, p. 98ss. e 356ss.).

119. O que se entende por princípio da verossimilhança?

O princípio da verossimilhança, em nosso ordenamento, é aplicado principalmente em três ocasiões: na antecipação de tutela, na revelia, e na inversão do ônus da prova, comum no Código de Defesa do Consumidor.

Na antecipação de tutela, o caput do artigo 273, do CPC, estabelece, expressamente, como condição de sua concessão a necessidade de que o juiz se convença da verossimilhança da alegação. Assim, há uma obrigação da parte em produzir prova idônea quanto ao fundado receio de dano irreparável ou de difícil reparação, ou ainda quanto ao abuso de direito de defesa ou manifesto propósito protelatório do réu. Assim, deve haver uma probabilidade muito grande de que sejam verdadeiras alegações do litigante, mas não através de simples suspeitas e sim por meio de "prova inequívoca" preexistente, portadora de grau de convencimento tal que a seu respeito não se possa levantar dúvida razoável. A lei, portanto, exige algo maior que o "fumus boni iuris" (Cf HTJ, v.2, p. 673ss.).

O mesmo vale para o instituto da revelia, tal como prevista no artigo 319, do CPC.

> *Art. 319. Se o réu não contestar a ação, reputar-se-ão verdadeiros os fatos afirmados pelo autor. Artigo equivalente no CPC de 2015: artigo 344.*

Deve haver, entretanto, verossimilhança nas alegações do autor para que tais efeitos se tornem possíveis. Assim, a presunção de veracidade, decorrente da revelia, não é absoluta e insuperável, nem pretendeu a lei transformar o juiz em um robô que tivesse de aprovar, inconscientemente, a inverdade e a injustiça, sem qualquer possibilidade de coatar a iniquidade e a mentira. Assim, a presunção de veracidade decorre apenas de atos revestidos de credibilidade e verossimilhança.

Outra aplicação do princípio da verossimilhança ocorre no caso do artigo 6º, VIII, do CDC, o qual possibilita a inversão do ônus da prova se as alegações forem verossímeis, ou seja, com aparência de verdade.

Vê-se, assim, que o conceito de verossimilhança aplicado à tutela antecipada é mais forte do que aquele aplicado aos outros institutos já que se exige a ocorrência da prova inequívoca e não apenas a credibilidade das alegações.

120. É viável a adoção do sistema de autocomposição para a solução de conflitos?

Não só é viável, como é recomendado. Em nosso sistema tem-se a transação como método de solução da lide pelas próprias partes. Nas sábias palavras de Humberto Theodoro Júnior (v. 1, p. 45ss.):

"A transação é o negócio jurídico em que os sujeitos da lide fazem concessões recíprocas para afastar a controvérsia estabelecida entre eles. Pode ocorrer antes da instauração do processo ou na sua pendência. No primeiro caso, impede a abertura da relação processual, e, no segundo, põe fim ao processo com solução de mérito, apenas homologada pelo juiz."

121. O que justifica a possibilidade de convenção de arbitragem?

A convenção arbitral é possível em casos de litígios referentes a direitos patrimoniais disponíveis, quando a cláusula compromissória não esteja inserida em contratos de adesão.

Em se tratando de direitos patrimoniais disponíveis, em razão dessa mesma disponibilidade, dá a lei às partes a possibilidade de escolherem um juízo arbitral para cuidar de seus problemas, de forma certamente mais sigilosa e mais rápida que a do Poder Judiciário atual. Essa decisão, por sua vez, tem o efeito adicional de contribuir com a diminuição de casos em nossa lenta justiça atual.

Do mesmo modo, com a arbitragem as partes podem escolher como árbitros técnicos especialistas no assunto a ser discutido, o que nem sempre pode ocorrer com juízes togados, principalmente se a causa pedir uma perícia complexa. Outros benefícios mencionados por Cintra-Dinamarco-Grinover à p. 35 ss. do Teoria Geral do Processo são:

- não estar sujeita aos recursos próprios da jurisdição estatal já que se trata de um modo de solução pacífica de controvérsias;

- poderem as partes escolher as regras de direito material a serem aplicadas;

- não se sujeitar a homologação judicial;

- ser título executivo judicial (475-N, CPC);

- possibilidade de controle judicial ulterior.

Art. 31. A sentença arbitral produz, entre as partes e seus sucessores, os mesmos efeitos da sentença proferida pelos órgãos do Poder Judiciário e, sendo condenatória, constitui título executivo.

Art. 33. A parte interessada poderá pleitear ao órgão do Poder Judiciário competente a decretação da nulidade da sentença arbitral, nos casos previstos nesta Lei.

122. A autotutela é admitida em nosso direito?

Apesar da enérgica repulsa à autotutela como meio ordinário para a satisfação de pretensões em benefício do mais forte ou astuto, para certos casos excepcionalíssimos a própria lei abre exceções à proibição. Constituem exemplos:

Art. 578. Salvo disposição em contrário, o locatário goza do direito de retenção, no caso de benfeitorias necessárias, ou no de benfeitorias úteis, se estas houverem sido feitas com expresso consentimento do locador.

Art. 644. O depositário poderá <u>reter o depósito</u> até que se lhe pague a retribuição devida, o líquido valor das despesas, ou dos prejuízos a que se refere o artigo anterior, provando imediatamente esses prejuízos ou essas despesas.

Art. 1.210, § 1° O possuidor turbado, ou esbulhado, poderá <u>manter-se ou restituir-se por sua própria força</u>, contanto que o faça logo; os atos de defesa, ou de desforço, não podem ir além do indispensável à manutenção, ou restituição da posse.

Art. 1.219. O possuidor de boa-fé tem direito à indenização das benfeitorias necessárias e úteis, bem como, quanto às voluptuárias, se não lhe forem pagas, a <u>levantá-las, quando o puder sem detrimento da coisa, e poderá exercer o direito de retenção</u> pelo valor das benfeitorias necessárias e úteis.

Art. 1.283. As raízes e os ramos de árvore, que ultrapassarem a estrema do prédio, <u>poderão ser cortados</u>, até o plano vertical divisório, pelo proprietário do terreno invadido.

Art. 1.433. O credor pignoratício tem direito:

II - <u>à retenção</u> dela, até que o indenizem das despesas devidamente justificadas, que tiver feito, não sendo ocasionadas por culpa sua;

Cintra-Dinamarco-Grinover (p. 35, *Teoria Geral do Processo)* justificam a autotutela nos seguintes termos:

"São duas as razões pelas quais s admite a conduta unilateral invasora da esfera jurídica alheia nesses casos excepcionais:

• *a impossibilidade de estar o Estado-juiz presente sempre que um direito esteja sendo violado ou prestes a sê-lo;*

• *a ausência de confiança de cada um no altruísmo alheio, inspirador de uma possível autocomposição."*

123. Quais os princípios que regem a jurisdição?

Para Humberto Theodoro Junior (p. 43ss., v. 1) são três os princípios fundamentais da jurisdição:

• "princípio do juiz natural: só pode exercer a jurisdição aquele órgão a que a Constituição atribui poder jurisdicional. Toda origem, expressa ou implícita, do poder jurisdicional só pode emanar da Constituição, de modo que não é dado ao legislador ordinário criar juízes ou tribunais de exceção, para julgamento de certas causas, nem dar aos organismos judiciários estruturação diversa daquela prevista na lei magna.

• A jurisdição é improrrogável: os limites do poder jurisdicional, para cada justiça especial, e, por exclusão, da justiça comum, são os traçados pela Constituição. Não é permitido só legislador ordinário alterá-los, nem para reduzi-los, nem para ampliá-los.

• A jurisdição é indeclinável: o órgão constitucionalmente investido no poder de jurisdição tem a obrigação de prestar a tutela jurisdicional e não a simples faculdade. Não pode recusar-se a ela, quando legitimamente provocado, nem pode delegar a outros órgãos o seu exercício".

Cintra-Dinamarco-Grinover, por sua vez, demonstram ter às páginas 45ss do Teoria Geral do Processo uma posição diferente, trabalhando não com a ideia de princípios constitucionais da jurisdição (como HTJ), mas com o que chamam de princípios jurisdicionais universalmente estabelecidos. Seriam eles:

- Princípio da investidura;

- Princípio da aderência ao território;

- Princípio da indelegabilidade;

- Princípio da inevitabilidade;

- Princípio da inafastabilidade ou princípio do controle jurisdicional e

- Princípio do juiz natural.

Há duas posições e você não faz a menor ideia de qual usar? Memorize a de HTJ, que é menor, e saiba explicar genericamente a de Cintra-Dinamarco-Grinover, apenas para demonstrar conhecimento. Essa dica pode ser útil também para provas discursivas.

124. O Ministério Público deve oficiar em todos os procedimentos de jurisdição voluntária?

Há duas correntes a respeito. A primeira prevê a aplicação conjunta do artigo 1.105, do CPC com o artigo 82, do CPC, limitando, assim, a intervenção do MP aos casos do artigo 82, do

CPC.

TÍTULO II

DOS PROCEDIMENTOS ESPECIAIS DE JURISDIÇÃO VOLUNTÁRIA

Art. 1.105. Serão citados, sob pena de nulidade, todos os interessados, bem como o Ministério Público.

Atualização novo CPC:

Art. 721. Serão citados todos os interessados, bem como intimado o Ministério Público, nos casos do art. 178, para que se manifestem, querendo, no prazo de 15 (quinze) dias.

E, em título anterior:

Art. 82. Compete ao Ministério Público intervir:

I - nas causas em que há interesses de incapazes;

II - nas causas concernentes ao estado da pessoa, pátrio poder, tutela, curatela, interdição, casamento, declaração de ausência e disposições de última vontade;

III - nas ações que envolvam litígios coletivos pela posse da terra rural e nas demais causas em que há interesse público evidenciado pela natureza da lide ou qualidade da parte.

Atualização Novo CPC:

Art. 178. O Ministério Público será intimado para, no prazo de 30 (trinta) dias, intervir como fiscal da ordem jurídica nas hipóteses previstas em lei ou na Constituição Federal e nos processos que envolvam:

I - interesse público ou social;

II - interesse de incapaz;

III - litígios coletivos pela posse de terra rural ou urbana.

Parágrafo único. A participação da Fazenda Pública não configura, por si só, hipótese de intervenção do Ministério Público.

Há quem na jurisprudência, entretanto, interprete o artigo 1.105, do CPC (art. 721 do novo), separadamente, defendendo a intervenção do MP em todos os feitos (CF. Negrão, p. 1.103ss.).

125. Qual a diferença entre processo e ação?

Liebman definia ação como "o direito subjetivo que consiste no poder de produzir o evento a que está condicionado o efetivo exercício da função jurisdicional." Em outras palavras, poder-se-ia dizer que ação é o direito subjetivo que consiste no poder de começar um processo. Processo, por outro lado, é "o método, sistema de compor a lide através de uma relação vinculativa de direito público" (Cf. HTJ, v. 1, p. 49ss, p. 59 ss e Cintra-Dinamarco-Grinover p. 309ss).

Ação e processo são conceitos tão próximos, que é possível chamar não apenas o direito processual de autônomo, mas também a relação jurídico processual, pois o primeiro manifesta-se no segundo. O processo é, assim, um instrumento da ação.

126. Por que se diz que a jurisdição possui caráter constitucional?

Se diz que a jurisdição possui caráter constitucional não apenas por nela estarem definidos os órgãos investidos do poder jurisdicional, mas também por nela estarem definidos os princípios necessários ao seu correto exercício e componentes da garantia do devido processo legal.

(para a definição de devido processo legal veja as questões anteriores)

127. Fale sobre os pressupostos processuais de existência.

São pressupostos processuais de existência:

• Investidura ou jurisdição;

• Provocação ou demanda;

• Capacidade para ser parte – em regra, ter personalidade, mas o nascituro (dentro da teoria natalista de concepção), o espólio, o condomínio, por exemplo, também podem:

> *Art. 12. Serão representados em juízo, ativa e passivamente:*
>
> *I - a União, os Estados, o Distrito Federal e os Territórios, por seus procuradores;*
>
> *II - o Município, por seu Prefeito ou procurador;*
>
> *III - a massa falida, pelo síndico;*
>
> *IV - a herança jacente ou vacante, por seu curador;*
>
> *V - o espólio, pelo inventariante;*
>
> *VI - as pessoas jurídicas, por quem os respectivos estatutos designarem, ou, não os designando, por seus diretores;*
>
> *VII - as sociedades sem personalidade jurídica, pela pessoa a quem couber a administração dos seus bens;*
>
> *VIII - a pessoa jurídica estrangeira, pelo gerente, representante ou administrador de sua filial, agência ou sucursal aberta ou instalada no Brasil (art. 88, parágrafo único);*

IX - o condomínio, pelo administrador ou pelo síndico.

Atualização Novo CPC:

Art. 75. Serão representados em juízo, ativa e passivamente:

I - a União, pela Advocacia-Geral da União, diretamente ou mediante órgão vinculado;

II - o Estado e o Distrito Federal, por seus procuradores;

III - o Município, por seu prefeito ou procurador;

IV - a autarquia e a fundação de direito público, por quem a lei do ente federado designar;

V - a massa falida, pelo administrador judicial;

VI - a herança jacente ou vacante, por seu curador;

VII - o espólio, pelo inventariante;

VIII - a pessoa jurídica, por quem os respectivos atos constitutivos designarem ou, não havendo essa designação, por seus diretores;

IX - a sociedade e a associação irregulares e outros entes organizados sem personalidade jurídica, pela pessoa a quem couber a administração de seus bens;

X - a pessoa jurídica estrangeira, pelo gerente, representante ou administrador de sua filial, agência ou sucursal aberta ou instalada no Brasil;

XI - o condomínio, pelo administrador ou síndico.

• Capacidade postulatória - em regra seria ter OAB, mas há exceções, como o Ministério Público, o jus postulandi, ou, ainda, o artigo 36, do CPC:

Art. 36. A parte será representada em juízo por advogado legalmente habilitado. Ser-lhe-á lícito, no entanto, postular em causa própria, quando tiver habilitação legal ou, não a tendo, no caso de falta de advogado no lugar ou recusa ou impedimento dos que houver.

Atualização Novo CPC:

Art. 103. A parte será representada em juízo por advogado regularmente inscrito na Ordem dos

---

Sim, há uma discordância muito forte na doutrina a respeito da citação, se ela seria pressuposto processual de existência ou de validade. Na dúvida, mencione a citação tanto em um pressuposto quanto em outro, lembrando que doutrinadores de ambas as posições admitem a querela nulitatis insanablis.

Advogados do Brasil.

Parágrafo único. É lícito à parte postular em causa própria quando tiver habilitação legal.

- Citação.

128. Fale sobre os pressupostos processuais de validade.

São eles:

- Juiz absolutamente competente e imparcial;
- Inicial apta;

Lembre-se: os pressupostos processuais de validade são os pressupostos processuais de existência com um acréscimo – à exceção da citação enquanto pressuposto. Por exemplo, não basta ter um juiz corretamente investido para ser válida a relação processual, é preciso que ele também seja competente e imparcial.

• Capacidade para estar em juízo: é a capacidade processual. Não basta a a capacidade para ser parte, é preciso, por exemplo, maioridade civil, como no caso da mãe que representa o filho na ação de alimentos.

• Legitimidade processual (legitimatio ad processum). Exemplo: necessidade de autorização do cônjuge para ações que versem sobre bens comuns.

• Citação – ver polêmica acima.

Direito do Trabalho e Processual do Trabalho

129. Quais são os prazos do oficial de justiça na Justiça do Trabalho?

O oficial de justiça tem 9 dias para cumprir mandatos e 10 dias para fazer a avalização de bens (721, § 2º, 3º, CLT).

130. Quais são os órgãos auxiliares da Justiça do Trabalho?

A secretaria, os oficiais de justiça avaliadores, o distribuidor e a contadoria são órgãos auxiliares da Justiça do Trabalho.

131. Quais decisões interlocutórias são recorríveis no processo do trabalho?

Segundo a Súmula 214, do TST, aquelas contrárias a Súmula e Orientação Jurisprudencial do TST, as que acolhem exceção de incompetência territorial, movendo o processo a um TRT diferente, e aquelas passíveis de recurso pelo regimento interno do Tribunal.

132. Como funciona o princípio da identidade física do juiz no processo do trabalho?

A súmula 136, do TST, que dizia não se aplicar o princípio da identidade física do juiz no processo do trabalho, foi revogada, de forma que ele é aplicado integralmente.

133. Quais ações não são abrangidas pelos *jus postulandi* no processo do trabalho?

Não são abrangidas pelo *jus postulandi* a ação cautelar, ação rescisória, mandato de segurança e recursos que serão apreciados no TST. Veja súmula 425, TST.

> Súmula 425 TST. JUS POSTULANDI NA JUSTIÇA DO TRABALHO. ALCANCE. Res. 165/2010, DEJT divulgado em 30.04.2010 e 03 e 04.05.2010
>
> O jus postulandi das partes, estabelecido no art. 791 da CLT, limita-se às Varas do Trabalho e aos Tribunais Regionais do Trabalho, não alcançando a ação rescisória, a ação cautelar, o mandado de segurança e os recursos de competência do Tribunal Superior do Trabalho.

Bibliografia

CINTRA, Antonio Carlos; GRINOVER, Ada Pellegrini; DINAMARCO. *Teoria geral do Processo.* 23 ª ed. São Paulo: Malheiros, 2007.

FERRAZ JÚNIOR, Tércio Sampaio. *Introdução ao Estudo do Direito.* 4ª ed. São Paulo: Atlas, 2003.

FIORILLO, Celso Antoni Pacheco. *Curso de Direito Ambiental Brasileiro.* 11ª ed. São Paulo: Saraiva, 2011.

LÔBO, Paulo. *Direito Civil – Famílias.* 4ª ed. São Paulo: Saraiva, 2011.

MEDAUAR, Odete. *Direito Administrativo Moderno.* 11ª ed. São Paulo: Revista dos Tribunais, 2007.

MONTEIRO, Washington de Barros; TAVARES DA SILVA, Regina Beatriz. *Curso de Direito Civil.* 39ª ed. São Paulo: Saraiva, 2009. v.2.

MORAES, Alexandre de. *Direito Constitucional.* 21ª ed. São Paulo: Atlas, 2007.

MORCELLI, Róger Augusto. *6.500 questões de exames orais.* 3ª ed. São Paulo: Damásio de Jesus, 2010.

NEGRÃO, Theotônio; GOUVÊA, José Roberto. Código de Processo Civil. 40ª ed. São Paulo: Saraiva, 2008.

NOHARA, Irene Patrícia. *Direito Administrativo.* 8ª ed. São Paulo: Atlas, 2011.

THEODORO JÚNIOR, Humberto. *Curso de Direito Processual Civil.* Forense: 2007, 47ª ed. v.1.

_____. *Curso de Direito Processual Civil.* Forense: 2010, 45ª ed. v.2.

Paulo R. S. de Ladeira

Paulo R. S. de Ladeira